ERNST GEHMACHER

REICH UND GRÜN

Die Zukunft unserer Gesellschaft

MOLDEN
VERLAG

Ernst Gehmacher

REICH UND GRÜN

Die Zukunft unserer Gesellschaft

MOLDEN VERLAG WIEN

Die deutsche Bibliothek – CIP-Einheitsaufnahme
Gehmacher, Ernst:
Reich und grün/ Ernst Gehmacher. – Wien
Molden Verlag, 1998
ISBN 3-85485-009-3

Lektorat: Christa Zöchling, Herbert Schillinger
Umschlagentwurf und Layout: Veronika Molden
Herstellung: Die Druckdenker GmbH, Wien
Druck: Druckerei Theiss GmbH, A-Wolfsberg
ISBN 3-85485-009-3

Inhaltsverzeichnis

IV. VISION

V. CHANCEN

VORWORT

Zur Eröffnung eines wissenschaftlichen Kongresses oder eines Parteitages wird begrüßt, geehrt, gedankt und auf das Buffet aufmerksam gemacht. Das taugt auch als Programm für das Vorwort eines Buches.

Begrüßt seien alle Leser. Nur was von dem Wortgewirr auf den Seiten letztlich in ihren Köpfen bleibt, ist der wahre Inhalt des Buches. Es gibt Texte, die Millionen mit Ideen angesteckt oder zu Revolutionen angefeuert haben, obwohl nur einige Experten sie wirklich genau gelesen und studiert haben. Es gibt Dichtungen, die Millionen zu Begeisterung hingerissen haben, obwohl – oder gerade weil – sie jeder Leser anders deutet. Nie kann ein Autor alle Gedanken und Gefühle, die er in sein Buch eingebracht hat, einem Leser ungekürzt und unverzerrt vermitteln. Jeder Leser bearbeitet das Buch. Und es kann dabei immer mehr Intelligenz und Weisheit in das System Autor-Buch-Leser einfließen. Es kann dabei auch viel verloren gehen, zuweilen alles bei fehlgelesenen und ungelesenen Büchern. Sie haben ihr Schicksal, die Bücher. Als Autor begrüße ich Sie daher, verehrte Leserin, geschätzter Leser, mit offenen Seiten.

Nun zur Ehrung. Eröffnungsredner haben oft einen Spickzettel, in dem alle Ehrengäste und Honoratioren mit Titel und Spitznamen aufgelistet sind, um ja keine persönliche Note zu übersehen. In einem Buch-Vorwort sollten alle zu Ehre kommen, die an der geistigen Arbeit Anteil hatten. Das ist in diesem Fall unmöglich. Es waren zu viele. Das Buch ist ein Konglomerat aus kollektiven Arbeiten. So beschränke ich mich auf ein paar Hinweise.

Erste Ideen wurden im Rahmen der Veranstaltungsreihe des Instituts für Wirtschaft und Politik (IWIP) zum „Ende einer Epoche“ faßbar und in einem Buchbeitrag entwickelt (siehe Gehmacher, E./Ley, M.: Das Ende des Nationalismus. Neue Fremdenfeindlichkeit und neonationalistische Aufbrüche in Ost- und Westeuropa, WUV-Universitätsverlag, Wien 1996).

Die grundlegende Theorie der Buch-Thematik bildet die *Kulturelle*

Evolution. Horst Seidler hat mir am Institut für Humanbiologie der Universität Wien Gelegenheit gegeben, darüber zu lesen, Rupert Riedl hat mir mit seinen Mitarbeitern am Konrad-Lorenz-Institut ein Diskussions-Forum dafür geboten (siehe Gehmacher, E: Die Politik der Evolution – Die Evolution der Politik. Das Wachstum sozialer Systeme und seiner Regulation: Gesellschaftliche Ursachen und Dynamiken: In: Riedl, R./Delpos, M: Die Ursachen des Wachstums. Unsere Chancen zur Umkehr, Verlag Kremayr & Scheriau, Wien 1996). Diese Diskussionen haben schließlich im Rahmen meiner Lehrveranstaltung über den „Wettlauf der Kulturen“ an der TU Wien bei Anton Schweighofer präzise Konturen bekommen.

Den harten Kern des Buches, die konkrete Vision über die Zukunft der Region um und mit Wien über die nächsten dreißig Jahre, hat in den letzten zwölf Monaten das Team des BOAS erarbeitet. Die Ehre sei hier auf zwei Frauen konzentriert, welche die beiden wesentlichen Facetten der Vision verkörpern: Angelika Piereder-Hagen hat die Symbolik und den großen Ideen-Entwurf der „Regiovision“ entwickelt und die soziale Trägerseite des Prominenten-Forums ins Leben gerufen. Doris Rechberg hat das statistische Denken der Vision ins graphisch Faßbare gestaltet und die kollektive Geistesarbeit organisiert und lesbar gemacht.

Daß schließlich aus diesem Steinbruch an Ideen, Geschichten und Theorien ein Text wurde, geht zu Ehren von Christa Zöchling, die aus dem Manuskript ein Buch gemacht hat.

Den letzten Satz berichtige ich sofort. Gemacht, im ursprünglichsten Sinn des Wortes wird ein Buch von denen, die es tatsächlich am Computer „schreiben“, die es in den Details korrigieren, die es setzen und drucken und binden – und verkaufen. Ihnen sei Dank, wobei wiederum zwei Frauen hervorgehoben seien, deren Zusammenarbeit mit mir zu den angenehmen Seiten der Autorenplagen gehört – und die jeweils auch eine Institution vertreten, deren Forschungen und Studien in das Buch eingegangen sind: Ingrid Scheberan, meine vormalige Büroleiterin im IFES, und Regina Erben-Hartig, meine gegenwärtige Büroleiterin im ÖIBF.

Auf das Buffet ist noch aufmerksam zu machen, also auf einige Delikatessen für den Lese-Gourmet oder für den an den Rezepten Interessierten.

Zuerst zum Persönlichen. In den vier fiktiven Interviews im Jahre 2028 sind in den vier Gesprächspartnern heute lebende Personen charakterisiert, nicht ohne einen Hang zur freundlichen Karikatur. In meinem engeren Umkreis wird es nicht schwerfallen, die Protagonisten dieser Future Fiction zu erraten. Die Spekulation, in welcher Beziehung der Autor zu diesen Figuren steht, mag aber, auch ohne dieses intimere Wissen, der Lektüre Gusto geben.

Nun zum Öffentlichen: Fritz Molden wollte ursprünglich ein politisches Buch, mit einer klaren Aussage, welchem politischen Modell die Zukunft unserer Gesellschaft gehöre – nach der Sichtweise des Autors. Kurz, ein Buch, mit dem man streiten kann: im doppelten Sinn dieses Satzes. Das ist mir nicht gelungen. Das krause Denken des Statistikers und Computer-Modell-Fans, des Landwirts und Biologen, des Sozio-Psycho-Somatologen hat zwischen der politischen Botschaft des Buches und dem Leser eine Dornenhecke von Spitzfindigkeiten wachsen lassen. Viel Vergnügen beim Darüberblättern, Durchhacken oder Überfliegen! Das Buffet ist eröffnet!

EINLEITUNG

Die Klage über den Stillstand bei gleichzeitiger Furcht vor Veränderungen hat eine lange Tradition. Ganz besonders in Österreich. Im November 1997 war ich zu einer Diskussionsveranstaltung mit dem ambitionierten Titel „Am Ende einer Epoche“ geladen. Über das Modell Österreich waren die anwesenden Intellektuellen und Wissenschafter höchst unterschiedlicher Auffassung. Gemeinsam war ihnen der Wunsch nach Veränderung. Es wurde heftig darüber debattiert, wie lange die „große” Koalition von Sozialdemokraten und Konservativen, SPÖ und ÖVP, noch überleben könne und ob sie der Demokratie gut tue. Die Pessimisten unter ihnen sagten, die Regierung werde stürzen und es werde nichts Besseres nachkommen. Die Optimisten hielten dem entgegen, man könne doch einiges dazu tun, daß die Regierung erst dann abtrete, wenn schon Besseres in Sicht sei. Doch was wäre denn das Bessere, angesichts einer Regierungsform, die aus einem Trümmerhaufen, der Österreich einmal war, eines der reichen Länder der Erde gemacht hat?

Ich dachte mir, das Bessere ist, was der großen kulturellen Evolution in einer neuen Epoche dient.

So entstand die Idee zu diesem Buch. Sein Kernthema sind zwei Ausgangsfragen: Wie entwickeln sich Gesellschaften? Welche Rolle spielen die großen Entwürfe und wo ist der Zufall angesiedelt? Hat die Menschheit überhaupt eine Chance, den Wettlauf mit der Katastrophe zu gewinnen?

Meine These lautet: Die einzige Chance liegt in einem Paradigmenwechsel, der eine neue Epoche einleiten könnte. Doch wie dieser Quantensprung auf eine neue Entwicklungsstufe aussehen soll und ob er gelingen kann, das ist nicht in einem Satz zu denken. Eigentlich nicht einmal in einem einzigen Buch. Doch probieren kann man es.

I. BEDROHUNG

1. Welche Welt geht unter? Apokalypse 1

Pessimismus liegt in der Luft. Die Klage, daß vieles untergeht, daß es noch schlimmer werde, schlägt einem entgegen wie eine Keule. In der Ethnologie hat sich in den vergangenen Jahren ein Kultur-Relativismus etabliert, der alle früheren Gesellschaften für gut hält, weil die Evolution sie in ihrer natürlichen Auslese zugelassen hat – und alle auch für besser als unsere moderne Gesellschaft.

Was bedeutet das? Sterben moderne Gesellschaften aus? Stürzt nach der Burg des Kommunismus der Palast des Kapitalismus ein? Geht selbst die „Insel der Seligen", jenes naturgewachsene Flagschiff des partnerschaftlichen Sozialstaates, unter?

Haben die apokalyptischen Prognosen einen wahren Kern?

Es gibt pessimistische Vorhersagen, deren man sich sicher sein kann. Das ist die Tatsache des eigenen Todes, das Naturgesetz des Alterns, die Vergänglichkeit aller Geschichte. Wenn heute alte und auch sehr junge Funktionäre von Parteien, Religionsgemeinschaften und Gewerkschaften über die verlorenen Tugenden klagen, dann vermissen sie etwas. Im Ton erinnern diese Klagen oftmals an das nostalgische Jammern, daß die Zeiten der eigenen Jugend vorbei seien. Alles Irdische, besonders das Nicht-Materielle, Eindrücke und Erlebnisse, die Muster einer Kultur, sind vergänglich. Das macht traurig.

Wie das der Einzelne oder eine ganze Kultur verarbeitet, ob eine optimistische Sichtweise dominiert oder eine pessimistische, davon hängt vieles ab. Nicht zuletzt die Zukunft.

Die Konfrontation mit der eigenen Sterblichkeit hat gewaltige Kulturleistungen hervorgebracht: Ägyptens Pyramiden und Dantes „*Divina Commedia*", Taj Mahal und Mozarts „Requiem". Ein Drittel der

Menschheit, so schätzt man, glaubt an ein Leben nach dem Tod, ein Drittel auch an ein Leben vor der Geburt, also an die Seelenwanderung – und ein Drittel begnügt sich mit dem Weiterleben der eigenen Kinder und Werke. Sinn und Trost werden also in verschiedenen transzendenten Begründungen gesucht.

In jeder Religionsgemeinschaft gibt es Heilige, Asketen und Fanatiker, die sich gewaltig anstrengen, um in den Himmel zu kommen oder eine andere höhere Stufe des Weiterlebens zu erreichen. Und es gibt viele, die das Weiterleben als billigen Trost empfinden und sich damit begnügen, den Gedanken an den Tod wegzuschieben. Die Fähigkeit, unangenehme Gedanken zu verdrängen, gehört zur Grundausstattung des menschlichen Gehirns. Ebenso die Todesangst. Sie ist stammesgeschichtlich sogar noch älter.

Wenn eine Katastrophe als wahr prognostiziert werden kann, bleibt eigentlich nur noch das Problem der psychischen Bewältigung zu lösen. Der terminisierte Weltuntergang wäre genauso zu akzeptieren wie der Tod oder die Nie-mehr-Wiederkehr der Flitterwochen. Man würde wahrscheinlich etwas bewußter und intensiver leben, im Guten wie im Bösen.

Der Glaube an das nahe Ende der Welt trat in den Perioden der Geschichte immer wieder auf. Doch das Wesen prophetischer Warnungen und auch der zahllosen kleinen Alltagspessimismen besteht eben darin, daß sie nicht im warmen Mantel der Gewißheit daherkommen. Sie lassen es offen. Sie setzen voraus, daß die Zukunft beeinflußbar ist. Sie appellieren an das menschliche Eingreifen.

Auch wenn auf Katastrophen zurückgeblickt wird, ist die Frage, wie es dazu kam und ob sie vermeidbar gewesen wären, der Stoff aus dem die Mythen gesponnen werden.

Die Sintflut, die große Pest, die großen Kriege in vergangener Zeit, interpretierte man in unserem Kulturkreis als Strafe Gottes für menschliche Sünden. Auch heute behaupten nur strikte Deterministen religiöser oder wissenschaftlicher Provenienz, der Atomkrieg, Aids oder eine Klimakatastrophe seien in Auftreten und Verlauf systemimmanent vorbestimmt und völlig unbeeinflußbar.

Die Wahr-Falsch-Logik hilft hier nicht weiter. Alles Vergangene ist unveränderbar. Es ist auch durch das Verhalten des Menschen, das biologisch-kulturelle System und dessen besserer oder schlechterer Fähigkeit zur Anpassung so gekommen.

Alles Zukünftige ist unbestimmt – von Gesetzmäßigkeiten, Trends und Umständen beeinflußt, aber auch vom Zufall und immer ist es abhängig vom menschlichen und gesellschaftlichen Handeln. Die Sintflut, sagt die Forschung, sei von einem großen Meteoriteneinschlag ins Meer vor etwa 10.000 Jahren verursacht worden und habe fruchtbare Küstenebenen mit einer riesigen Flutwelle verheert. In der Jungsteinzeit waren die Küstenebenen dichter besiedelt als das Landesinnere. Eine primitivere, fernab von den Küsten lebende, nomadische Bevölkerung wäre von der Überflutung nicht getroffen worden. War die Sintflut nun eine Strafe Gottes für Hoffart und Intelligenz? Mit diesem Erklärungsmuster gaben uralte Mythologien der Sintflut nachträglich einen Sinn.

Der „Meteorit" war Mittelpunkt vieler Untergangsszenarien. Rational betrachtet, bleibt er eine Bedrohung. Moderne Technik-Optimisten entwerfen aber schon Pläne, ihn noch im Weltraum „abzuschießen" und unschädlich zu machen. Optimisten geben dem menschlichen Tun immer mehr Chancen als Pessimisten.

Pessimistische, oder genauso auch optimistische Vorhersagen, lassen sich nach drei Sphären unterscheiden:

- Gesetzmäßigkeiten: Naturgesetze, Trends, System-Immanenz; (in religiöser Diktion: Gott)
- kulturelles und individuelles Handeln: gesellschaftliche Potentiale, politische Optionen; (in religiöser Diktion: der freie Wille)
- der Zufall – das Chaos: das Umschlagen des Systems ins Gute wie ins Böse; (in religiöser Diktion: Engel und Teufel)

Die Kategorien sind nicht exakt voneinander zu trennen. Welcher Anteil im menschlichen Handeln ist den Gesetzen der Natur verpflichtet? Wieviel Ordnung steckt im Zufall? An dieser Unschärfe haben sich philosophische Systeme und Religionen abgemüht. Die Meinungsverschiedenheit über den freien Willen hat Katholiken und Protestanten gespalten.

Doch bescheiden wir uns vorerst mit den drei Kategorien und erproben sie an konkreten Fragen.

Gibt es in Europa derzeit einen Trend zu extremen politischen Positionen? Handelt es sich um ein Gesetz der kulturellen Evolution, wenn wir beobachten, daß eine zerbröckelnde Weltanschauung von einer anderen Ideologie abgelöst wird? Können die Appelle der demokratischen Eliten einen Trend bremsen? Können die Medien zur demokratischen Moral verpflichtet werden oder sind sie auf Gedeih und Verderb dem Gesetz des Lesermarktes ausgeliefert? Wieweit hängt es vom Zufall ab, ob irgendwo ein Bürgerkrieg ausbricht und Flüchtlinge zu uns strömen oder ein Wahnsinniger durch eine Terrortat den Ruf nach der starken Hand auslöst? Wer an den Spielraum des gesellschaftlichen Handelns glaubt und ein Mindestmaß an Vertrauen in die Regierenden setzt, fühlt sich solchen Bedrohungen jedenfalls nicht hilflos ausgeliefert.

Kollektive Zukunftsinterpretationen wirken natürlich wieder zurück auf den Glauben an die Machbarkeit der Zukunft. Zuversicht kann gewaltige Effekte erzielen.

2. Drohungen

Wenn man sich potentielle Bedrohungen aus der Natur vor Augen führt, muß man tatsächlich Angst bekommen:

- Meteoriten aus dem Weltraum können eine Metropole vollkommen auslöschen und in einer, durch den hochgewirbelten Staub verursachten, jahrelangen Verdunkelung alle höheren Lebewesen vernichten;
- Eine Klima-Katastrophe könnte den Meeresspiegel ansteigen lassen, eine Sintflut auslösen und alle küstennahen Niederungen verheeren. Städte wie London und New York, Shanghai und Hamburg

würden im Meer versinken. Oder die Gletscher würden sich über Skandinavien und aus den Alpen bis vor München schieben;

- Es könnten neue Seuchen oder Viren auftreten, die so ansteckend sind wie ein Schnupfen und so grausam wie Aids oder Pest;
- Die Landung einer uns überlegenen Lebensform aus dem Weltall könnte uns Menschen unterjochen und zu Haustieren degradieren, ohne daß wir uns wehren können, vielleicht, ohne daß es uns bewußt wird.

Die Wahrscheinlichkeit solcher Szenarien ist klein. Doch sie ist nicht null. Es müßte auch nicht gleich die ganz große Katastrophe eintreffen. Es könnten unterschiedliche Grade der Bedrohungen Wirklichkeit werden.

Das Ende der Erde ist übrigens sicher und voraussagbar. Es ist zu Ende, wenn die Sonne nach den Gesetzmäßigkeiten des Sternenlebens in einer riesigen Explosion verglüht. Die zeitliche Dimension dieses Vorgangs bewegt sich freilich jenseits unseres Vorstellungsvermögens.

Für die gesellschaftlichen Wirkungen dieser Bedrohungen ist ihre „wahre" Wahrscheinlichkeit unwesentlich. Die Angst davor wirkt. Und die ist abhängig von der subjektiven Einschätzung, von den Überlieferungen und Erzählungen, von den Massenmedien und dem politischen Gebrauch der Ängste.

3. Pest

Eine biologische Katastrophe der großen Art war für Europa die Invasion des „Schwarzen Todes" – die Pest. In nur fünf Jahren, von 1347 bis 1352, starb ein Drittel der Bevölkerung. Dieser Einschnitt in die mittelalterliche Zivilisation, der Vertrauensverlust, der mit dieser Katastrophe verbunden war, löste einen religiösen und sozialen Umsturz aus, dessen Protest sich im Protestantismus niederschlug und dessen kritisches Denken den Rationalismus förderte.

Der Schrecken der Pest erschütterte die mittelalterliche Gesellschaft. Eine der beiden Formen, die Beulenpest, verlief zu 80 Prozent tödlich. An ihr litt man tagelang. Schwarze Flecken bildeten sich auf der Haut rund um die infektiösen Flohbisse. An den Leisten und in den Achselhöhlen entwickelten sich Pestbeulen. Die Kranken litten an unstillbarem Durst und wurden von Krämpfen geschüttelt. Rascher, aber absolut tödlich, verlief die Lungenpest, die durch Tröpfcheninfektion übertragen wurde.

Die Zeitgenossen wußten nichts von den Ursachen der Krankheit. Sie vermuteten, daß die Pest durch Dämpfe und faulige Ausdünstungen übertragen wird. Gestank war in den dichten Siedlungen ohne Kanalisation und Hygiene allgegenwärtig. Noch 1890 war in „Meyers Konversationslexikon" zu lesen, daß „die Pest durch die Luft übertragen" werde und „dies gewiß die häufigste Art der Ansteckung" sei. Erst 1894 entdeckte man den Pestbazillus. Wenig später hatte man herausgefunden, daß er durch Rattenflöhe an den Menschen kommt, dann aber auch von Mensch zu Mensch übertragen werden kann.

Warum wurde die Pest gerade in Europa zur Katastrophe? In Asien war die Krankheit schon lange vorher bekannt. Dort gibt es sie heute noch. In Europa trat die Seuche im vierzehnten Jahrhundert verheerend auf und wütete dann noch einmal im Dreißigjährigen Krieg. Die letzte Pestepidemie in Mitteleuropa war 1714. Dann verschwand sie.

Es gibt nur Vermutungen über die Ursachen für Beginn und Ende der Katastrophe. Für das plötzliche Auftreten im vierzehnten Jahrhundert könnten die hygienischen Zustände und der verstärkte Handel verantwortlich gewesen sein. Der Schmutz hatten die Ratten und ihre Flöhe vermehrt, der Handel den Bazillus verbreitet. Vielleicht kam noch eine virulenz-verstärkende genetische Mutation des Erregers hinzu. Oder der Ratten. Nach neueren Theorien soll das Ende der Pest mit einer Veränderung der Rattenpopulation zu tun haben. Die schwarzen Hausratten, die Träger der Pestflöhe, wurden von den braunen Wanderratten verdrängt. Das wiederum könnte mit dem Verschwinden der Holzhäuser in den Städten zu tun haben. Nach und nach wurden, wegen großer Feuerbrände, die Häuser aus Ziegeln gebaut.

Nach solchen Seuchen bleibt die Angst meistgenerationenlang gegenwärtig. Allerdings gab es nach dem Ende der Pest auch Gewinner. Besitzloses Land und Häuser waren billig geworden. Wer überlebt hatte und seine Chancen wahrnahm, konnte rasch reich werden. In der Gesellschaft erzeugte die überstandene Gefahr Euphorie und Lebensfreude, Übermut und Optimismus. In den Jahren nach dem großen Sterben ist oft eine Phase des Aufschwungs und neuer Ideen zu beobachten.

4. Der nächste Meteorit

Die Schöpfungslegende der Moderne berichtet, daß wir dem Weltall unsere Existenz verdanken. Vorformen organischer Substanz sollen aus dem Weltraum auf den Planeten Erde geregnet und dort gekeimt sein. Die Evolution ließ über Milliarden Jahre hinweg die Aminosäuren immer komplexere Informationsketten mit ihren Gen-Chiffren bilden.

Die Geburtsstunde der Säugetiere, unserer engeren Vorfahren und Verwandten, begann mit einer Naturkatastrophe. Vor 60 Millionen Jahren soll ein Himmelskörper, so groß wie Helgoland, mit der Wucht von zehntausend Atombomben in der Karibik eingeschlagen und in einer jahrelangen Verdunkelung aus Staub und Asche die Saurier fast völlig vernichtet haben. In dieser langen Winternacht schlug die Stunde der warmblütigen pelzgeschützten Säuger. Sie entfalteten sich zu einer Artenvielfalt, an deren evolutionärer Spitze der Mensch steht.

Die moderne Forschung schließt an die biblische Sintflutsaga an. Nach neuesten Interpretationen sind am Beginn unserer Zivilisation mehrere Meteoriten ins Meer geschlagen. Das würde mit der jüdisch-christlichen Sintflut, aber auch mit den Mythen anderer Kulturen übereinstimmen. Die Katastrophe aus dem All stimmt zeitlich gesehen mit der Entstehung der Reiskultur in Ostasien und der Kornkultur im fruchtbaren Halbmond von Assyrien bis Ägypten überein.

Die Bedrohung aus dem Weltall können wir heute mit wissenschaftlichen Methoden recht gut einschätzen. Kalkulieren lassen sich die Bomben aus dem All freilich nur in Wahrscheinlichkeiten. Wenn im Durchschnitt alle 10.000 Jahre mit einem Sintflut-Meteoriten zu rechnen ist, alle 100 Millionen Jahre ein Atmosphären-Winter eintritt, die letzte Sintflut vor 9000 Jahren stattfand und die Saurier vor 60 Millionen Jahren ausstarben, dann kann beides schon nächsten Sommer eintreten.

Doch das Risiko ist winzig klein. Die Wahrscheinlichkeiten sind so gering, daß sie uns nicht zu ängstigen brauchen. Viel größer ist das Risiko des Autofahrens oder das einer Virusinfektion.

Ist es Zufall, daß die Menschheit erst jetzt imstande ist, die Wahrscheinlichkeit von Katastrophen aus dem Weltall zu berechnen, da sie auch schon Weltraumtechniken entwickelt, die an eine Abwehr von Himmelskörpern denken läßt?

Die Raumfahrt ist noch sehr jung. Zu einer Industrie wurde sie erst in den 70er Jahren. Heute gehört sie zur High-Tech-Wirtschaft der reichen Welt. Die USA gab 1996 27,6 Milliarden Dollar für die Raumfahrtindustrie aus, 24 Prozent davon für kommerzielle Aufträge. Das sind etwa 150 Dollar pro Kopf, während in der Europäischen Union nicht einmal 25 Dollar pro Person für die Raumfahrt aufgewendet werden. Für eine Industrie, die in Europa erst zwanzig Jahre alt ist, ist das dennoch kein unbedeutender Aufwand.

Die Raumfahrt ist in den vergangenen Jahren durch Telekommunikations-Satelliten marktfähig geworden. Serienmäßig hergestellte Kleinsatelliten werden demnächst weltweites Telefonieren mit dem Handy erlauben. Bald wird auch die Breitband-Übertragung rund um die Erdkugel, Fensehen und Bildtelefon, Fax und E-Mail zwischen Eskimos und Australiern möglich sein.

Wie groß kann nun die Wahrscheinlichkeit einer kosmischen Katastrophe angenommen werden? Was würde sie für die Menschheit bedeuten? Könnten Teile der Menschheit außerhalb der Erde eine neue Heimat finden? Oder ist gar eine Kolonialisierung des Weltraums denkbar?

Nehmen wir an, ein Meteorit, der eine dichtverbaute Stadt mit der Zerstörungskraft von zehn Atombomben trifft, tötet eine Million Menschen. Die Häufigkeit von Treffern solcher Gewalt mag einmal alle 300 Jahre vorkommen.

Die Mehrzahl der Meteoriten fällt statistisch betrachtet, ins Wasser. Schlagen sie in der Nähe einer besiedelten Flachküste auf, droht eine Sintflut. Eine Flutwelle, die von einem großen Meteoriteneinschlag verursacht wurde, die sich etwa aus der Nordsee über Holland, London und die norddeutsche Tiefebene ergießt, könnte mehr Menschen töten als der Einschlag auf eine Stadt. Doch das Meer dämpft die Wucht. Das Land auch. Der letzte Meteorit der angenommenen Größenordnung fiel 1911 in die sibirische Taiga, fernab der Zivilisation. Es blieb ein Krater und verbrannter Wald im Umkreis von 60 Kilometern. Was wäre gewesen, wenn der Himmelskörper damals auf den Stephansplatz in Wien gefallen wäre? Hätte die zivilisierte Welt mit Rotem Kreuz, Spenden und Hilfsprogrammen reagiert? Hätte sich ein Völkerbund für den Wiederaufbau von Wien gebildet? Wäre die österreichisch-ungarische Monarchie vor dem Trümmerhaufen ihrer Hauptstadt schon früher in egoistische Nationalstaaten zerfallen? Hätten die für den Ersten Weltkrieg gerüsteten Großmächte das Chaos genützt, um ihre Gebietsansprüche handstreichartig zu verfolgen? Wären die Kirchen voll von Büßern, die Straßen voll von Revolutionären gewesen? Hätte die Katastrophe die Diktaturen des Faschismus und Kommunismus verhindert oder noch rascher befördert?

Wäre aus dem weltweiten Schock eine Welle der Solidarität und schneller ein vereintes Europa entstanden? Hätte eine Million Tote gereicht, um der Menschheit zwanzig oder fünfzig Millionen Tote durch Krieg, Konzentrationslager, Terror und Not zu ersparen? Die Wahrscheinlichkeit ist klein, aber überlegenswert. Die Frage drängt sich auf, ob die Menschheit heute eine bittere Lehre braucht, um den nächsten Schub der Evolution zu gewinnen. Der Meteorit könnte auch die weniger schmerzhafte Lösung sein.

Rechnen kann man damit nicht. Das Areal der Großstädte nimmt kein Tausendstel der Erdoberfläche ein. Im Durchschnitt würde ein

Meteorit nur alle 300.000 Jahre eine zivilisierte Metropole verheeren. Die richtigen „Geißeln der Evolution" – arbeiten gezielter. Sie reagieren und bestrafen – wie Umweltkatastrophen, Kriege und Seuchen.

Doch auch die ganz seltenen Zufallsereignisse verdienen Nachdenklichkeit. Die Saurier wurden, soviel wir heute wissen, von einem kosmischen Ereignis aus ihrer Führungsrolle geschleudert. Über hunderte Millionen Jahre hatten die kaltblütigen Echsen den Vormarsch des Lebens auf dem trockenen Land angeführt und eine ungeheure Vielfalt an Arten entwickelt. Sie waren genetisch anpassungsfähig. Sie hätten, wäre es auf der Erde allmählich kühler geworden, wohl auch noch warmes Blut und ein wärmendes Fell entwickeln können. Doch das Riesengeschoß aus dem Weltall wirbelte so viel Staub auf, daß die Sonne für Monate und Jahre verdunkelt wurde und alles erfror, was nicht gegen Kälte gerüstet war. Die kleinen Vorfahren unseres Säugetiergeschlechtes aber hatten genug Erwärmungstechniken eingebaut, um diese harte Zeit zu überdauern. Der Großteil der Echsenarten ging zugrunde. Der Weg für die Säugetiere war offen.

Würde die moderne Menschheit einen kosmischen Winter überleben? Wie groß müßte ein Einschlag aus dem All sein, um das Weltklima von einer Stunde zur anderen zu verändern?

Es gibt Schätzungen, daß schon ein mittelgroßer Meteorit oder der volle Einsatz aller vorhandenen Kernwaffen in einem Weltkrieg eine mehrere Monate dauernde Nacht mit Wirbelstürmen und sibirischen Winterverhältnissen auslösen könnte. Die Menschheit hätte zwar Häuser und reichlich Brennmaterial aus den sterbenden Wäldern zur Verfügung, doch die Nahrung würde knapp werden. Je länger die kosmische Nacht dauerte, umso verzweifelter könnte der Kampf ums Überleben werden. Oder wäre die Menschheit schon in der Lage, eine ethische Überlebensstrategie zu entwickeln? Könnte eine Notgemeinschaft entstehen, die wie auf einem sinkenden Schiff, Kinder und Mütter zuerst, mit dem Überlebensnotwendigen versorgen würde? Würden sich Millionen Menschen mit ihrem Ende abfinden, um der Menschheit eine Chance zu geben? Oder zerfiele unsere Zivilisation in Räuberbanden und belagerte Festungen?

Vermutlich ist mit beidem zu rechnen: mit Ethik und Egoismus. Ob sich Aggression oder Kooperation durchsetzten, hinge von vielen Einflüssen ab: Die Bedrohung könnte vereinen, die Unsicherheit auf Dauer Panik auslösen. Nach einem großen Sterben würden sich die Überlebenden eher zu einer neuen Ordnung bereitfinden als bei einer langsameren Verknappung der Ressourcen.

Würden neue Kulturen entstehen? Und wer würde eher überleben, Akademiker oder Bauern, Skandinavier oder Schwarze, Religiöse oder Rationalisten? Es wäre eine große Probe.

5. Besuch aus dem All

Die geheimnisumwobenste Bedrohung sind die bösen Besucher aus dem All. Angesichts der bisher bekannten Größe des Weltalls mit Milliarden von Sternen ist es fast sicher, daß unser Planet nicht der einzige Himmelskörper ist, auf dem Leben existiert. Es spricht aber auch nichts dafür, daß Planeten, auf denen sich Leben entwickeln kann, häufig sind. Das Horchen mit großen Empfangsstationen nach intelligenten Signalen auf der Skala der Rundfunkwellen war bisher allerdings vergebens.

Die Reise von einem verwandten Stern zu uns wäre jedenfalls sehr weit. Selbst mit Lichtgeschwindigkeit, der absoluten physikalischen Grenze jeder Fortbewegung, würde sie tausende Jahre dauern. Eine Zivilisation, die eine solche Reise veranstaltet, müßte uns haushoch überlegen sein. Technisch läßt sich eine solche Überlegenheit heute schon denken: Bio-Computer, die so flexibel sind wie lebende Zellen und so exakt wie unsere besten elektronischen Apparate, die selbststeuernd Materialien und Geräte aus Atomen bauen.

Sind uns überlegene Besucher also zwangsläufig als böse zu denken? Aus unserem Erfahrungsschatz spricht ein triftiges Argument gegen die Aggression der anderen. Keine kämpferische Spezies könnte jahrtausendelanges Gedränge auf einer Raumschiff-Insel überleben. Aber auch das hält dem Denken in Wahrscheinlichkeiten nicht weiter stand. Bei der gigantischen Unsicherheit aller Annahmen ist es nicht auszuschließen, daß die Astronauten aus der anderen Galaxie in ihrer eigenen Zeit gar nicht so lange unterwegs sind. Sie könnten durch irgendein schwarzes Zeitloch schlüpfen und biologisch so konstruiert sein wie wir selbst – streitsüchtige Primaten. Vielleicht sind es sogar hochintelligente Raubtiere, von der Natur darauf getrimmt, ihre technischen Killer-Instrumente nur gegen die anderen einzusetzen.

Im beginnenden Zeitalter der Informationstechnologie entgeht man kaum der Assoziation, daß diese superkluge Tierart vom fernen Stern gar nicht selbst auf die Reise gehen müßte. Sie könnten ihre Technik so perfektioniert haben, daß sie nur Informationen schicken, die sich hier bei uns zu fertigen Lebewesen zusammensetzen.

Solche und ähnliche Vorstellungen sind in die Mythologie eingegangen. Die Idee der Transsubstantiation, der uns überlegenen Besucher aus dem Geisterreich, begann mit dem Geschichten erzählen. Die älteste Erzählung geht davon aus, daß es höhere Lebewesen gibt, die uns versklaven könnten.

Die Evolution unserer Zivilisation gibt Grund genug für einen solchen Verdacht. Vierzigtausend Jahre lebte unsere Gattung, genetisch nicht weniger intelligent als die Bürger der modernen Industrienationen, primitiv und natürlich, als Sammler und Jäger. Immer wieder träumten die Menschen in Sagen, Märchen und Filmen vom edlen Wilden. Das beflügelt bis heute die Ideologie von der idealen Gesellschaft.

Es gibt heute wissenschaftliche Erklärungen für den Beginn und das Fortschreiten des Prozesses der Zivilisation. Doch die Mythen, vom griechischen Olymp bis zur Science Fiction, sehen das handgreiflicher. Ein Engel – oder ein virtueller Astronaut – soll die unschuldig lustvollen Nackedeis aus dem Paradies vertrieben und grausame Götter sollen Menschenopfer gefordert haben. Überall sah man gute und böse Geister am Werk. Und immer erschienen sie überirdisch oder außerirdisch.

Eine handfeste Vermenschlichung systemischer Prozesse liegt dem menschlichen Denkmuster eben viel näher.

6. Bedroht wie noch nie? Das kleine Café am Eck

Lebenswelten sterben, Menschen bleiben zurück. Da hat das kleine Café an der Straßenecke zusperren müssen. Der Ort, an dem die Leute so nett waren und die Wirtin immer schon wußte, was man will. Wo man sich daheim gefühlt hat und die Preise moderat waren. Wo man stundenlang sitzen konnte und immer willkommen war. Wo man sich zumindest so gefühlt hat und die Tatsache, daß es ein Geschäft, eine Dienstleistung gegen Geld war, einem gar nicht ins Bewußtsein kam. Jetzt ist dort irgendein Kettenladen. Wahrscheinlich hat jeder sein ganz persönliches Lied von einer Heimat, die verloren gegangen ist.

Strukturen der Geborgenheit lösen sich auf. Mit rapider Geschwindigkeit. Die Selbstbedienung, der Schnellimbiß und das Einkaufszentrum haben in wenigen Jahrzehnten eine Vielzahl kleiner Läden und Geschäfte vom Markt vertrieben. Ist das ein Verlust? Für ältere Leute wahrscheinlich schon. Sie fühlten sich dort geachtet, sie bekamen Beratung und Herzlichkeit und ihren Stolz gestreichelt. Diese Dienstleistungen wurden von den eiligeren, moderneren Kunden mitbezahlt, die den Preis für die Ware hinlegten, obwohl sie die Kundenfreundlichkeit gar nicht nutzten, vielleicht sogar lästig fanden. Es konnte nicht ausbleiben, daß sie in die Shopping Cities abwanderten. Die Gemischtwarenhandlung und das Café an der Ecke rentierten sich plötzlich nicht mehr.

Die Statistik sagt: die Gewinner sind die Mehrheit, die Verlierer sterben aus. Die psychosomatische Medizin sagt: die Verlierer sterben schneller aus, weil Kontaktmangel das Immunsystem schwächt. Die kritische Soziologie sagt: auch die Gewinner verlieren, weil sie immer öfter mit dem Auto fahren müssen, um billige Lebensmittel zu finden, weil sie immer länger im Stau stecken, mehr Benzin und Zeit verbrauchen und weniger Geselligkeit erleben.

Sicher ist nur, daß eine Lebensform verloren geht und andere an ihre Stelle treten. Es entstehen neue Lokale mit ethnischem Charakter, mit Kultur und Kolorit, türkische Gemüsemärkte, chinesische

Eßhäuser, Bioläden, Mc Donald's-Filialen. Finden die einsamen Alten neue Geselligkeit nicht in den allerorts angebotenen Busreisen? Es sind nicht die gleichen Lokale an denselben Orten. Es verschiebt sich dabei vieles: Geschäfte, Angebote, Preise, Menschen, Befriedigungen. Für manches Stadtviertel, Dorf oder Ehepaar endet eine Epoche.

7. Stirbt das Christkind?

Bei einer Umfrage in Deutschland erklärte jeder zweite, daß er zum Christkind nichts sagen könne. Ja, es sei so ein Accessoire zum Christbaum, und früher hätten die Kinder daran geglaubt. Bei einer Feier in meinem Institut entfachte sich daran eine heftige Diskussion. Eine junge Mutter erklärte, ihr Kind solle nicht herausfinden müssen, daß ihm ein Märchen vorgegaukelt worden sei. Andere erinnerten sich, wie enttäuscht sie waren, als sie erkennen mußten, daß es kein Christkind gibt. Nie waren es die Eltern selbst, die einen aufgeklärt hatten. Irgendwer, meist ältere Geschwister, Spielgefährten, Schulfreundinnen, hatte es verraten. Aber der Christbaum? Und die Geschenke? Woher kam das? Ach ja, der unvermutete Spaziergang, das verschlossene Zimmer, die verschwörerischen Gesten.

Wie lange währte dieses Schwanken zwischen Zweifel und Glaube? Ein, zwei Weihnachten, bei manchen drei.

Mit dem eigenen Kind und der weihnachtlichen Verlegenheit konfrontiert, kann man nur mitspielen oder sich heraushalten. Die meisten wählen das Dritte – sie idealisieren das Christkind zum Symbol.

Die Mitspieler werden weniger.

Das Christkind mit seinen beglückenden Materialisierungen ist geschichtlich gesehen ein Kind der Neuzeit. Der Brauch, einen Nadelbaum mit Lichtern und Glanz zu schmücken, taucht nach dem Ende des Mittelalters auf und findet im bürgerlichen Mittelstand Anklang. Erst der zunehmende Wohlstand hatte den Kult des feierlichen Schenkens für breite Schichten erschwinglich gemacht.

Wann setzte sich diese eigenartige Ethik durch, die eigene Freude des Schenkens hinter anonymen Symbolfiguren der Großzügigkeit zu verstecken? Zur Disziplinierung der Kinder eignete sich das Christkind ja nicht.

Man wird dem Prozess der Zivilisation nicht gerecht, wenn man ihn vorwiegend als Schule sieht. Die Aufklärung der Neuzeit hat nicht nur den Rohrstab geschwungen, sondern eine eigene Mythologie zur Bannung des Unheimlichen und Unfaßbaren hervorgebracht. Zur Nüchternheit der neuzeitlichen Wissenschaftlichkeit gehört eine Kunst, die ganz und gar nicht nüchtern ist, eher trunken und berauschend.

In früheren Zeiten war Mythologie noch Wirklichkeit. Der Teufel des Mittelalters, der Dämon der Antike waren ein Faktum wie der Blitz oder die Pest. Noch hatte man die Elektrizität und das Bakterium nicht entdeckt.

Und was ist heute mit den neuen Bedrohungen durch das Ozonloch und Aids? Endet da jene Zwischenzeit der Trennung und Zusammenschau von Verstehen und Fühlen? Stirbt uns das Christkind – nach knapp vier Jahrhunderten einer mythischen Existenz? Und was stirbt mit ihm?

II. SELBSTMORD

1. Angst in der Wohlstandsgesellschaft

Demokratische Wohlstandsgesellschaften haben es bisher zu einzigartigem Reichtum, für eine breite Mittelschicht zumindest zu Wohlstand gebracht. Dennoch sind krisenhafte Erscheinungen zu beobachten: Ressourcenverknappung und Arbeitslosigkeit, „neue Armut", Fremdenhaß, Terrorismus, Stadtflucht – und vor allem das Umsichgreifen von Angst.

Der Reaktorunfall von Tschernobyl ließ in den Jahren danach die Angst vor jeder Art von unsichtbarer Strahlung ansteigen. Über die Standorte von Atomkraftwerken weiß man seit Tschernobyl besser Bescheid als früher und Blockaden und Protestaktionen gegen grenznahe Kraftwerke finden Massenunterstützung. Es gibt heute aber auch Selbsthilfe-Gruppen, die sich mit den Strahlen, die von Mobiltelefonen ausgehen, beschäftigen. Die tödliche Immunschwäche-Krankheit Aids fördert Strömungen, die Enthaltsamkeit predigen und die Sexualität geißeln. Manche Debatten über die Auswirkungen der Gentechnik beschwören Horrorszenarien über die Rache der Natur herauf.

Ein schlimmes Ereignis und die dazugehörigen Katastrophenmeldungen rufen in der Regel Angstwellen hervor, die dann wieder abklingen, um beim nächsten Mal mit unverminderter Wucht wieder ins kollektive Bewußtsein zu rücken. Zeitungen, Fernsehen und die neuen Kommunikationsmedien wollen Neugier erwecken. Nach den Gesetzen des Marktes wird eine Sache dramatischer dargestellt als sie ist. Ein Wettlauf um die Sensationen hat begonnen.

Immerhin beherrschte selbst der Glykolskandal, ein im Vergleich zu Tschernobyl harmloses Ereignis, ein paar Wochen lang die Schlagzeilen.

In der Dramatisierung schwindet der Unterschied zwischen bedeutend und unbedeutend, einer Gefahr für viele oder für wenige.

Wenn Angst überhand nimmt, führt sie zu Streß und verursacht psychsomatische Erkrankungen. Ernsthaft geschädigt werden Menschen, die von vornherein zu Angstzuständen neigen, zusätzlich an anderen Streßfaktoren leiden oder einen besonderen Grund sehen, sich stark gefährdet zu fühlen. Doch Angst kann sich einnisten. Eine Reihe von Untersuchungen zeigt, daß das allgemeine Angstgefühl nicht von selbst wieder schwindet, auch wenn gar kein Risiko mehr besteht. Ein Jahr nach dem Glykolskandal, als längst keine Flasche Wein mit Glykol mehr im Umlauf war, lag die Angst vor Giften in Nahrungs- und Genußmitteln deutlich über dem Vorjahreswert. Ängste haben die Tendenz zur Verallgemeinerung.

Wäre dies eine Gesetzmäßigkeit ohne gegensteuernde Vorgänge, müßte die Bevölkerung bei den fortlaufenden angsterzeugenden Medienbotschaften schon neurotisiert und angstkrank sein.

Angst wird jedoch durch Möglichkeiten des Angstabbaus in Grenzen gehalten. Der psychisch gesunde Mensch wehrt sich gegen Angst. Eine Reihe von bewußten und unbewußten seelischen Vorgängen kann Angst „bewältigen". Dieser Mechanismus ist umso wirksamer, je größer die Gefährdung ist. Jeder kennt das: Stunden oder Tage vor einer Prüfung, einer Klettertour oder einem Fallschirmabsprung hat man mehr Angst als im Augenblick selbst. Soldaten im Kampf und Menschen in anderen gefährlichen Berufen verdanken diesem psychischen Mechanismus ihren „kaltblütigen" Gleichmut.

Weniger wirksam sind diese psychischen Abwehrkräfte angesichts kleinerer, aber diffuser Gefahren.

Angstabbau bewahrt zwar Risikogruppen vor lähmender Aids-Angst, richtet jedoch kaum etwas aus gegen die Angst nach einem gelegentlichen Sexabenteuer. Die nicht zu fassende Angst vor einer Überschwemmung der Stadt mit Fremden und vor einem Explodieren der Preise konnte in Wien eine klare Mehrheit gegen die Expo, eine geplante Weltausstellung, mobilisieren. Die Weltausstellung wurde abgesagt, die Fremdenfeindlichkeit ist geblieben.

Es sieht so aus, als würden wir einem Auf und Ab weit verbreiteter „Massenangst" geringen Grades zusteuern. Vielleicht ist das mit ein Grund für manches an Süchtigkeit, Verdrossenheit und Unbehagen in all dem Wohlstand.

Angst ist auch Bedürfnis. In der Langeweile und Saturiertheit einer Wohlstandsgesellschaft gibt es einen natürlichen Bedarf an Spannung und Angst. Der könnte freilich produktiver – im Sport, im Kunsterlebnis, in gesellschaftlichem und humanitärem Engagement – befriedigt werden.

Angst benötigt keinen Tiefgang und keine realistische Gefahr, um gesellschaftlich zu wirken. Schon recht oberflächliche Phänomene von Gefährdungsgefühlen führen zu starken Verhaltensänderungen. Nach Tschernobyl verzichteten drei Viertel der Österreicher auf gewohnte Speisen und auf Freiluftaktivitäten. Zehn Prozent weniger Kinder wurden gezeugt. Tatsächlich gab es keine nachweisbaren Schädigungen. Auf den Glykolskandal reagierte jeder zweite Weintrinker mit Ersatz aus weit entfernten Weinbaugebieten oder zeitweiligem Verzicht. Auch hier ist von Vergiftungen nichts bekannt geworden. Die Angst vor der Modernisierungsdynamik hat in Österreich die neueren Anwendungen der Gentechnologie vorerst ausgeschlossen.

Verhaltensänderungen aus Angst können gesellschaftspolitisch oder wirtschaftlich schwer wiegen. Demokratien reagieren nun einmal auf den Willen und Unwillen des Volkes. Nicht wenige Sowjetologen sind sogar der Meinung, Tschernobyl habe den Sturz des schon geschwächten kommunistischen Gesellschaftssystems ausgelöst.

Kleine Änderungen im Konsumverhalten können die Mechanismen des Marktes wie eine Lawine treffen. Der Glykolskandal traf den österreichischen Weinexport empfindlich und nützte zeitweilig den Bierbrauereien. Bei Aids sehen sich Vertreter einer traditionellen Sexualmoral und Kondomverkäufer plötzlich im selben Fahrwasser schwimmen. Wer vom Aus für die Gentechnik in Österreich profitieren wird, ist noch unklar. Angstbewältigung und Angstlawine lassen sich in einem Modell darstellen, das auch mathematisiert wurde (Gehmacher 1987).

Übersicht: Interessenmobilisierung

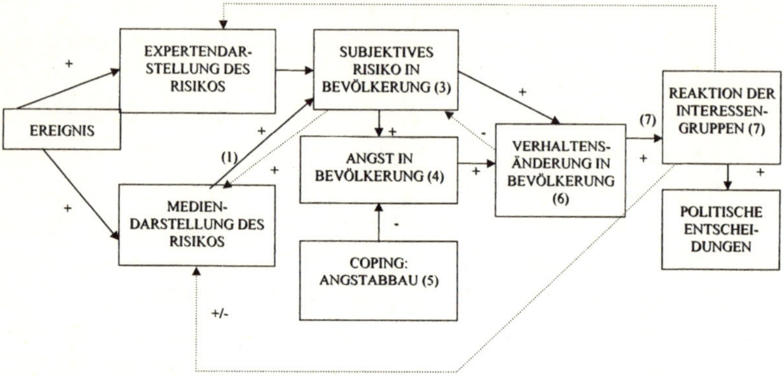

1 Feedback-Schleife DRAMATISIERUNG durch Sensationstendenz der Medien
2 Negativeffekt VERTRAUENSMANGEL durch „Korruption" der Experten
3 Angstreaktion HALBWISSEN-EFFEKT durch Fehlbeurteilung
4 Trägheitswirkung ANGSTKUMULATION
5 Niveauschwelle COPINGVERSAGE
6 Schwellenfunktion VERHALTENSLAWINE
7 Systemdynamik INTERESSENMOBILISIERUNG

2. Yahi und Xhosa

In der Fin-de-siècle-Stimmung vor dem Ersten Weltkrieg wurde mit dem Untergang des Abendlandes gerechnet. Hat er schon stattgefunden oder sind wir vielleicht mitten drin?

Die Idee der kulturellen Evolution setzt voraus, daß es im Wettbewerb der Gesellschaften und Kulturen Gewinner und Verlierer gibt. Das Prinzip, das dabei zur Anwendung kommt, ist nicht gerecht. Hier wirken Naturgesetz und Anpassung, Zufall und Tüchtigkeit, Trend und Systemeffizienz.

Einige Untergänge von Kulturen berühren das moderne Gewissen. Die Ausrottung der nordamerikanischen Indianer ist eines der traumatischen Ereignisse des Abendlandes.

Robert B. Edgerton erzählt die Geschichte von Ishi, dem letzten Überlebenden der Yahi-Indianer. Ishi starb 1916 an Tuberkulose. Bis zu seinem Ende wußte er, ausgemergelt und verschreckt, in Hemd und Krawatte der Siegerkultur gekleidet, aber barfuß, seine Würde zu bewahren. Sein Volk hatte Tuberkulose nie gekannt.

Die Yahi lebten in einem fruchtbaren Landstrich des nördlichen Kalifornien. Ihre Stammeskultur war schon vor der Ankunft der weißen Siedler nicht sehr erfolgreich gewesen. Stärkere Indianer-Völker hatten sie immer weiter aus den wildreichen Tälern ins Gebirge abgedrängt. An ihren Techniken dürfte das nicht gelegen sein: sie waren geschickte Jäger und Wildbeuter, sie fischten Lachse aus den schnellen, kalten Flüssen, die den Sacramento River speisen. Mag sein, daß sie durch eine eigenartig ausgeprägte Männer-Frauen-Differenzierung gehemmt waren: die beiden Geschlechter sprachen zwei ganz unterschiedliche Dialekte, eine ethnologische Rarität, die den inneren Frieden förderte, aber auch als Konfliktscheue interpretiert werden könnte. Die Yahi wichen eher zurück als Krieg zu führen. Die letzten zwei Jahrtausende hatte sich das Yahi-Volk mit den wechselnden Verhältnissen von Klima und Konkurrenz arrangiert. Doch dem Zusammenstoß mit der aggressiven, abendländischen Zivilisation war das kleine, wenige tausend Menschen zählende Volk nicht gewachsen. Von Abenteurern, Goldsuchern und Kriminellen, die in der bürgerlichen Gesellschaft gescheitert waren, wurden die Yahi gehetzt und abgeschossen wie Wild. Ihr verzweifelter Mut, verbunden mit ihrer chancenlosen Unterlegenheit, besiegelte ihr Schicksal.

Andere Indianervölker unterwarfen sich und konnten kleine Reste ihrer Identität und Kultur in den American Way of Life integrieren. Die Yahi starben aus: In den 80er Jahren des 19. Jahrhunderts lebten noch fünfzehn oder sechzehn Stammesangehörige. 1894 waren es nur noch fünf, unter ihnen Ishi und seine invalide Mutter. Bis zuletzt hatten sie versucht, in ihrer Art zu leben.

Es war der Untergang einer erfolgreichen Kultur, wenn man für den Maßstab des Erfolgs das Wohlbefinden und den inneren Frieden anlegt.

Als die europäische Zivilisation in die indianischen Kulturen Amerikas eindrang, wurden fast alle zerstört. Doch nur ein Teil der Indianervölker wurde ausgerottet wie die Yahi. Die meisten Populationen überlebten genetisch und assimilierten sich. Einige wenige Stämme übernahmen mit Bedacht die für sie nützlichen Techniken der europäischen Zivilisation – Gewehr, Pferd, Auto, Goretex und Funkgerät –, um ihre Kultur als Jäger, Hirten und Landbebauer wettbewerbsfähig zu machen.

Wenn Stammesgesellschaften aussterben, fallen die äußeren Umstände – militärische Niederlagen, Krankheiten, Verlust der wirtschaftlichen Grundlagen – sofort ins Auge. Doch im letzten Stadium des Aussterbens kommt auch Apathie und fatalistische Hoffnungslosigkeit auf. Wir wissen wenig über die inneren Ursachen der Auslöschung, über die Überlebens-Fitneß und deren Mängel.

Die Batak-Negritos der Pulawan-Insel auf den Philippinen sind, wie R. F. Eder beschreibt, heute am Ende. Vor hundert Jahren schon waren sie ein winzigkleines Volk von etwa 600 Mitgliedern. Nun sinkt ihre Fruchtbarkeit, den übriggebliebenen Batak fehlt der Mut zur Fortpflanzung. Die Aktiveren suchen sich Partner aus dominanten Kulturen und wandern aus.

Migration beschleunigt das gnadenlose Urteil der Evolution. Sie nützt jenen Gesellschaften, in die die Mutigen, Unternehmerischen und Lernbegierigen zuwandern. In der Neuzeit profitierten viele überseeische Kolonien von der Dynamik der Auswanderer.

Für die Lebenskraft der neuen Gesellschaft waren die Urteile der alten Ordnung bedeutungslos. Der Kontinent Australien etwa wurde lange Zeit als Strafkolonie benutzt. Obwohl Kriminelle aus aller Welt dorthin verbannt wurden, entwickelte sich eine sehr erfolgreiche und sogar recht friedliche Gesellschaft.

Die Migration beschleunigt bloß Tendenzen, die schon existieren. Wer auswandert und das Vertraute verläßt, sucht etwas oder er flieht. Die Triebkraft ist immer ein starkes Gefühl: Hoffnung und Übermut, Angst und Verzweiflung oder Zorn und Mordlust. Erfolg und Mißerfolg einer Kultur sind immer von starken Gefühlen begleitet.

Ein bedrückendes Exempel der Selbstvernichtung bieten die Ojibwa-Indianer im nördlichen Ontario. Bis 1963 lebten sie recht traditionell als Jäger, Fischer und Fallensteller. Sie produzierten genug, um sich in die nordamerikanische Zivilisation einzufügen. Sie lebten in kleinen Familienverbänden in weit voneinander entfernten Hütten und kamen für rituelle und zeremonielle Anlässe zusammen. Dann siedelte das kanadische Department of Indian Affairs 500 Ojibwa in ein neugeschaffenes Reservat mit modernen Häusern, Elektrizität und fließendem Wasser. Sie bekamen eine Schule und ein Spital. Für einige gab es Arbeit, für die anderen Sozialhilfe. Nach dem Maßstab der Moderne lebten sie nun reicher, bequemer und gesünder. Die Zivilisationsschädigung kam in Gestalt von Depression, Alkoholismus und Aggression. Allerdings in einem dramatischen Ausmaß. Zwei Drittel der erwachsenen Ojibwa, Frauen wie Männer, wurden schwere Alkoholiker. Sie verfielen in zwei- bis dreitägige Orgien der Trunkenheit, in denen sie jede Selbstkontrolle verloren: es gab Schlägereien, Gruppenvergewaltigungen, Inzest, Mord und Selbstmord. Nach zehn Jahren war die Gemeinschaft zerstört. Ende der 70er-Jahre hatten 20 Prozent aller Jugendlichen versucht, sich das Leben zu nehmen. Innerhalb von fünf Jahren erstickten acht Kinder, weil die betrunkenen Mütter sich auf sie gelegt hatten, vier Kinder wurden ausgesetzt. Der Soziologe Kai Erikson (in Shkilnyk A. M., A Person Stronger Than Love: The Destruction of an Ojibwa Community, 1985) beschreibt die Ojibwa als ein „wahrhaft gebrochenes Volk" und das Reservat als einen „Ort der Vergewaltigung und des Mordes".

Was bei den Ojibwa alles zusammenkam, läßt sich selbst an einem so gut dokumentierten Fall schwer definieren. Auf einige Indizien hat die Forschung hingewiesen. Die Ojibwa hatten schon vorher sehr individualistisch gelebt. Sie glaubten an Hexen und waren argwöhnisch. Sie hingen einer Moral an, die im Rauschzustand gesetzte Handlungen nicht sanktionierte.

Eine Übertragung dieser traurigen Erfahrung auf größere Gesellschaften wäre unangemessen. Doch das Zusammenspiel alltäglicher Phänomene – Individualisierung, Aberglaube, Alkoholismus, Arbeitslosigkeit, Aggressivität, eine Moral mit geringem Anreiz zur Selbststeuerung – sollte nachdenklich stimmen. Denn diese Phänomene gibt es in allen Gesellschaften.

Gelegentlich macht die Evolution auch Bocksprünge: Gesellschaften können einem kollektiven Wahn oder einer kollektiven Erleuchtung verfallen. Ein bekanntes ethnographisches Fallbeispiel ist die Prophezeiung der Nongqawuse bei den südafrikanischen Xhosa.

Die Briten waren in der Mitte des vorigen Jahrhunderts auf den Stamm der Xhosa, tapfere und kriegerische Rinderhirten, gestoßen. Die Xhosa glaubten an Prophezeiungen und Propheten, die sie wegen der immer wiederkehrenden Dürre zu Rate zogen.

Ein achtzehn Jahre alter Prophet soll für eine lang andauernde regenlose Periode die Briten verantwortlich gemacht und damit den Widerstand gegen sie angestachelt haben. Und er forderte ein Opfer: alle braungelb-gescheckten Rinder sollten getötet werden.

Wie irrational dieses Opfer war, bleibe offen. Bei Futtermangel mag es Sinn machen, den übergehegten Viehbestand zu reduzieren und gleichzeitig der unerbittlichen Natur die eigene Aggression entgegenzusetzen.

In der Folge gab es drei Jahre Krieg. Die Xhosa töteten 1.400 Briten und die Briten 16.000 Xhosa. Es soll die Xhosa besonders getroffen haben, daß der moderne Krieg ihnen nicht die Zeit ließ, die Reinigungsriten nach dem gegenseitigen Abschlachten durchzuführen. Die erzwungene Vernachlässigung der magischen Gruppentherapie bedrückte sie. Der Stammesführer mußte einen schmachvollen Frieden schließen.

Da traf die gedemütigten Xhosa der nächste Schlag: ein holländisches Schiff ging vor Anker und brachte die Rinderseuche mit. Tausende Rinder starben. Den Mais befiel eine Raupenplage, Wolkenbrüche ließen die Xhosa im Schlamm waten.

Die Xhosa schoben die Schuld auf die Hexen und viele unbeliebte Frauen büßten den Volkszorn mit dem Tod. Die große Zeit der Propheten war wieder angebrochen.

Als Sir George Cathcart, der die Briten in ihrem Krieg gegen die

Xhosa kommandiert hatte, 1854 im Krim-Krieg getötet wurde, und diese Nachricht zu den Xhosa drang, wurde geweissagt, die Geister der gefallenen Xhosa-Krieger würden in Gestalt der Russen erscheinen und die Briten erschlagen und verjagen. Die Xhosa warteten vergebens auf ihre Russen.

Doch ein Jahr später behauptete ein junges Mädchen namens Nongqawuse, sie habe von einem geheimnisvollen Fremden, einem Geist-Russen vielleicht, die Botschaft erhalten, es gebe nur eine Rettung für die Xhosa. Sie müßten alle Rinder schlachten und dem Hexenwesen abschwören. Nongqawuse schilderte in Ekstase eine Apokalypse mit Sonnenstillstand, Sturm und Auferstehung der Toten – und in ebenso glühenden Farben die neue Epoche.

Es kam zum großen Rinderschlachten. Eine wilde Schlachtorgie mit Tanz, Gesang, Bier und Rindfleischvöllerei ergriff das Volk.

Darauf folgte die Hungersnot. Jeder zweite Xhosa starb. Doch sie gingen als Gesellschaft nicht unter.

Die Überlebenden unterstellten sich den Briten und fügten sich in die Zivilisation der Weißen. Sie sahen sich nicht von der fremden Kultur geschlagen, sondern von den eigenen Geistern bestraft. Geprügelt, aber nicht gebrochen. Was wäre ihr Schicksal ohne die Prophezeiung der Nongqawuse gewesen? Gegen die Übermacht der britischen Zivilisation gab es objektiv nur Anpassung oder Untergang. Hätten sie das einer Prophetin geglaubt?

3. Implosion

Ist die moderne Zivilisation durch das Zusammenbrechen der Ordnungen, durch den Vertrauensverlust des Staates und der Politik, durch Egoismus und kurzfristige Interessen in Gefahr? Haben wir eine „Implosion" zu erwarten, wie sie so oft am Ende großer Kulturen zu beobachten war – beim Niedergang des Römischen Reiches vor der Völkerwanderung, beim allmählichen Verfall der Stromkulturen am

Nil und am Euphrat, bei der Verarmung Spaniens, nachdem es sich in der Conquista und der Kolonialisierung Lateinamerikas erschöpft hatte. Für die Implosion einer Kultur gibt es Warnsignale: Kriminalität und Korruption, Wirtschaftskrisen und Mangelerscheinungen, Sektierertum und psychische Krankheiten, Drogensucht und Depression, egoistischer Neid und Mutlosigkeit. – Kurz: ein allgemeiner Mangel an Festigkeit, Stärke, Mut und Gesundheit, „Fitneß" wäre der Fachausdruck der biologischen Evolution.

Ein solches „Krankheitssyndrom" ist in der modernen Zivilisation durchaus zu beobachten. In Krisengebieten, in den Slums der Großstädte, in umkämpften Zonen treten Symptome der kulturellen Implosion sogar massiv auf.

Doch wo wäre die kritische Zone zu orten, in der es zum Zusammensturz kommt? Wäre in lokalen Sterbefällen denn auch eine Bedrohung der gesamten modernen Zivilisation zu befürchten? Gibt es einen Trend zum allmählichen In-sich-Zusammensacken der modernen Kultur, der auf eine Katastrophe hinweist?

Versuchen wir, aus der Geschichte zu lernen. Das koloniale Weltreich Europa richtete sich in zwei großen Weltkriegen selbst zugrunde und machte den Weg frei für das amerikanische Jahrhundert. Die damaligen gesellschaftlichen Symptome stützen die Implosions-Diagnose. Die Großstadtkriminalität zeitigte die Formen der Dreigroschenoper, die Dreyfus-Affäre und die Suez-Kanal-Krise kündigten an, was zwei Generationen später mit Auschwitz und dem Mordunternehmen des Faschismus enden sollte. Die Demokratie zerfleischte sich in Dreißig-Parteien-Systemen und verlor sich im gehässigen Kleinkrieg der Richtungen und Fraktionen. Selbst innerhalb der erfolgreichsten Parteien tobten Flügelkämpfe. Das Bürgertum erkrankte an Psychosen und Neurosen. Die Seele dieser Epoche schwankte zwischen nationalistischen Manien und philosophischen Depressionen, zwischen fundamentalistischem Massenwahn und zynischer Verzweiflung. Nach dem Ende des Krieges lag Europa darnieder und hatte seine Weltgeltung und Lebensform verspielt.

Eine große Kultur sterben zu sehen, habe ich selbst einmal 1974, als Besucher, in Afghanistan erlebt. Der Anlaß war eine kommerziell geführte Bergtour auf den 7400 Meter hohen Noshaq im Hindukusch. Afghanistan stand an der Schwelle zum Bürgerkrieg. Bald danach sollte die Invasion der sowjetischen Truppen stattfinden. Von den alten Kulturen des Islam, von der hochentwickelten orientalischen Bewässerungskunst, von der Eleganz des britischen Kolonialismus und dem Prunk der Monarchie waren gerade noch verwischte Spuren zu sehen. Die grandiose Schönheit des Landes und die bedrückende Armut boten einen schmerzhaften Kontrast. Die Menschen waren mißtrauisch und feindselig. Was besonders auffiel, war ihre Art zu arbeiten. Wenn etwas zu tun war, auf den steinigen Berghängen das Getreide ernten oder einen Lastwagen reparieren, geschah es mit der Hektik der Besessenheit – um gleich darauf wieder im bewegungslosen Nebeneinandersitzen zu erstarren. Bevor ich dieses Sich-immer-wieder-in-die-Trance-fallen-lassen durchschaute, hatte ich es in meiner europäischen Überheblichkeit als Haschischrausch verdammt. Ich dachte einfach, es gäbe zwei Arten von Afghanen – die Fleißigen und die Faulen. Es handelte sich aber um eine melancholisch gewordene Kultur, die sich auf die Überlebensarbeit zurückgezogen hatte.

Zwanzig Jahre später, bei der Supervision russischer Meinungsforschung in Moskau, hatte ich ein déjà-vu. Die Armut war nicht erdrückend wie in Afghanistan. Es kam niemand in schmutzstarrenden Fetzen daher und es gab keine ausgemergelten Bettler, die einem ihre eitrigen Armstümpfe entgegenhielten. Doch wenn in dem Autobus, mit dem wir aufs Land fuhren, der Motor abstarb – was bei jeder zweiten Station der Fall war –, mußte er vom Lenker mit einer Handkurbel wieder angeworfen werden. Irgendwie kamen wir an.

Im Rußland des Jahres 1996 hatte die gesellschaftliche Implosion das Transportsystem noch nicht ganz zum Zusammenbruch gebracht. Die staatlichen Einrichtungen waren nur so weit gelähmt, daß sich die Selbstversorgungswirtschaft wieder entwickelte. Auf der zugefrorenen Wolga standen die Fischer zu Hunderten vor ihren Eislöchern und klagten, daß die Fische, die sie angelten, immer kleiner würden. Das war ein Signal der Übernutzung.

In den Städten an der Wolga zog man im Sommer zu Tausenden in die Wälder, um Beeren und Pilze zu ernten. In der Acht-Millionen-Stadt Moskau besaßen 40 Prozent der Familien einen weit entfernten kleinen Garten zum Anbau von Kartoffeln und Gemüse, die sie oft zwei Stunden lang mit Bahn und Bus nach Hause schleppten. Die Menschen waren zornig, nicht schwankend zwischen Fatalismus und Lebensgier, wie ich es in Afghanistan erlebt hatte.

Zweifellos ist die russische Kultur nicht so tief in das schwarze Loch der Implosion gefallen wie jenes Gemisch von Hochkulturen, das Afghanistan seit Alexander dem Großen geformt hat. Doch der Absturz Rußlands traf die Stolzesten, die „neue Klasse" des kommunistischen Mittelstandes, sehr hart. Sie hatten das Erbe der Orthodoxie, der überzeugten „Rechtgläubigkeit" mitsamt dem über Jahrhunderte aufgebauten russischen Imperium übernommen. Sie hatten mit ihrem kommunistischen Glauben den Anspruch auf die Weltherrschaft angemeldet.

Oft münden Zusammenbrüche einer Kultur in aggressive Selbstzerfleischung und selbstmörderische Kriege. Das römische Imperium der Antike ging in den langen Wirren der Völkerwanderung unter. Aber auch die kleinräumige Implosion der Citys von New York und Chicago brachte am Höhepunkt der Verelendung die Bandenkriege der Mafia hervor. Ist das Gewaltpotential des russischen Großmachtzusammenbruchs nun mit dem Tschetschenienkrieg erschöpft? Oder muß man die Brandherde Serbien und Irak als Metastasen der sowjetischen Implosion sehen?

Der Kriegstheoretiker Clausewitz vertrat die Auffassung, die ungebändigte Aggression, der Krieg ohne Regel sei das Ursprüngliche, der „ehrenhafte" Krieg, nach der Genfer Konvention geführt, das Turnier, sei ein Produkt der Zivilisation. Das klingt nach der Fortschrittsutopie der Aufklärung: die Evolution müsse schnurgerade von der tierischen Brutalität zur wohlerzogenen Höflichkeit der schlagenden Burschenschaft führen. Doch hier tut man den Tieren unrecht. Sie kennen das bewußte und gezielte Töten der Artgenossen nicht. Manchmal verendet eines bei Balz-und Revierkämpfen. Doch die Beißhemmung gegenüber seinesgleichen ist das Ursprüngliche. Zum Genozid gelangten die Primaten erst, als sie ein Feindbild denken konnten. Eine verfeinerte Kultur schützt nicht vor bedenkenloser Mordlust. Das deutsche Volk der Denker und Dichter erwies sich als kriegslüstern und grausam, eben weil es so überaus fähig war, über Juden und Zigeuner die unmenschlichsten Dinge zu denken und zu dichten.

Theoretische Überlegungen dieser Art klingen bedrohlich. Sie bilden eine Kausalkette, die mit geringerer oder größerer Wahrscheinlichkeit in die soziale Katastrophe, zum Selbstmord von Gesellschaften führen kann.

Dem Zusammenbruch eines sozialen Systems gehen Not, Verzweiflung und Gewalt voraus. Tiefe Depression macht die Gewalt selbstmörderisch – und damit mörderisch. Je abstrakter die Ideenwelt und je höher die Technologie, um so hemmungsloser und effektiver kann der Mord ausgeübt werden. Das verspricht nichts Gutes, selbst wenn diese Ursachenkette in jedem ihrer Glieder nur mit kleinen Wahrscheinlichkeiten zu denken ist. Wenn Gesellschaften quasi gesetzmäßig am Ende eines großen Innovationszyklus, der etwa fünfzig Jahre dauert, in eine ernsthaftere Krise schlittern und jede vierte Krise sich zu einer Implosion steigert, dann kommt im Durchschnitt alle zweihundert Jahre eine Implosion.

Wie viele Gesellschaften sind bedeutend genug, um durch ihren Kollaps die globale Weltordnung in Unruhe zu bringen? Genügen dafür schon regionale Brandherde wie Bosnien, der Irak, Ruanda und Somalia oder wird eine Kultur-Implosion erst dann für die Menschheit kritisch, wenn sie einen großen Wirtschaftsraum einbezieht?

Nehmen wir, optimistisch, einmal an, nur der große Crash wäre imstande, eine Kettenreaktion der Gewalt auszulösen. Hier kämen ein Dutzend Gesellschaften in Frage: China, Japan, Indien, Südostasien samt Australien, die islamische Welt, Afrika, Lateinamerika, Mittelamerika, Nordamerika, Rußland, Osteuropa, die Europäische Union. Es sind jene Kulturen, die in einer postmodernen, durch die Technik multikulturell verschmolzenen Welt im evolutionären Wettlauf der Kulturen als Konkurrenten überleben werden.

Wären Innovationszyklen und Implosionsgefahr, grob vereinfacht, gleichmäßig über die Geschichte verteilt, so begänne alle siebzehn Jahre irgendwo in der Welt eine ernsthafte Implosion. Da die Dauer solcher großer kultureller und ökonomischer Depressionen nach Jahrzehnten zu bemessen ist, würde das bedeuten, daß immer irgendwo eine Gesellschaft am Implodieren ist.

In der Realität häufen sich die Krisen, weil Implosion ansteckend ist. In gemeinsamen globalen Zyklen sind sie vielleicht rhythmischer, aber auch gefährlicher geworden.

Gefährlich für wen? Qualität und Dauer jedes einzelnen Menschenlebens hängt von der Gnade der „richtigen" Geburt, vom Spiel des Zufalls und – immer mehr – vom Schicksal der Gesellschaft ab. Schon ein „normaler" Anstieg der Arbeitslosenquote in einer „normalen" Rezession wirft einige Menschen plötzlich aus der Bahn. Und einige fallen dann auch noch durch das soziale Netz. Selber schuld, heißt es dann. Für die Betroffenen bedeutet es Leid, Depression und oft Resignation.

Ist das nun weniger tragisch als der Tod auf dem Schlachtfeld des Krieges? Oder mildert die Gemeinsamkeit im Krieg, in der Hungersnot, im Zusammenbruch des alten Glaubens, nicht auch die seelischen Qualen des Einzelnen?

Vor Jahrzehnten habe ich den Satz gelesen „Sterben ist tragischer als verhungern". – Das hat mich bis heute nicht losgelassen. Das Leiden und Sterben in guter Gesellschaft erträgt sich zweifellos leichter als allein.

Doch das Sterben einer Gemeinschaft bedeutet mehr. Immer waren Menschen bereit, für das Überleben und das Wohl der ihnen Nahestehenden und der Gemeinschaft, ihr eigenes Leben zu riskieren. Wir erleben uns nicht nur als Individuen.

Während ich das, am 1. Mai in einer Wiener Konditorei sitzend, zu Papier bringe, zieht der traditionelle Mai-Aufmarsch der Sozialdemokraten im Hintergrund vorbei. Arbeiterlieder, nun bald ein Jahrhundert alt, dröhnen aus den Lautsprechern, Sprechchöre intonieren einen Protest, der verworren und verwirrt in die Luft steigt. Mit einem

„alten" Genossen habe ich gerade per Handschlag einen Verein gegründet, der sich vornimmt, den von der Implosion ihrer eigenen Lebenswelt Getroffenen zur Selbsthilfe zu verhelfen – „Empowerment" heißt das in der neuen Sprache.

Wir feiern und wir trauern mit dem Auf und Ab unserer Gesellschaft, wir fühlen und wissen, daß wir mitgezogen sind, mit dem Erfolg wie mit den Niederlagen. Der Wille zur Evolution, der in jedem Menschen steckt und Teil der eigenen Stärke und Gesundheit ist, schließt die Gesellschaft mit ein. Wie wäre es sonst möglich, daß alle Gesellschaften einen beträchtlichen Anteil ihrer Arbeit dem Gemeinwohl widmen – und damit Prunkbauten und Ruhmestaten finanzieren, die jeden persönlichen Luxus bei weitem übersteigen?

Nehmen wir einmal an, die Bewohner der Stadt Wien würden mit der 80prozentigen Wahrscheinlichkeit konfrontiert, daß ihre Stadt in Smog, Armut und Kriminalität versinkt, daß schon in den nächsten Jahren Mafia-Terror und bürgerkriegsähnliche Zustände zu erwarten seien. Würden sie weiterleben wie bisher?

Die Flexibelsten und Bestqualifizierten würden wohl als erste auswandern, dann die Vorsichtigeren und zuletzt die Schwächsten. Die Herzinfarktrate würde ansteigen, der Budgetposten mit dem Namen „Gesundheit" ebenso. Und die Gereiztheit der Wiener würden zunehmen und – parallel dazu – der Stimmenanteil der rechten und linken Extremisten bei Wahlen.

Das Wissen um die drohende Katastrophe würde die Implosion beschleunigen. Wissen ist also gefährlich. Doch Nichtwissen verunsichert, erzeugt diffuse und oft unnötige Angst.

Absolute Ahnungslosigkeit und naives Vertrauen sind im Medien- und Kommunikationszeitalter eine Illusion. Die beste Strategie ist, der Gefahr ins Auge zu sehen, um ihr ausweichen oder sich dagegen rüsten zu können. Mit Optimismus, bevor die Bedrohung so überhand nimmt, daß sie lähmt.

Dazu ein paar kalkulierte Wahrscheinlichkeiten: Die bloße Verlängerung der Geschichte in die Zukunft ergibt ein düsteres Bild. Innovationszyklen und Implosionen folgen rascher aufeinander. Wirtschaftspolitische Gegensteuerung nach dem Rezept der antizyklischen Konjunkturankurbelung funktioniert zwar oft, aber nicht immer. Die Hoffnung liegt in der Evolution. Wo gelingt es einer Gesellschaft, den bedrohlichen Zyklus zu vermeiden, die Implosion hintanzuhalten? In Schweden, Japan und Österreich ist es nicht ganz gelungen. Die Rezessionen und Krisen dieser neuen Wirtschaftssteuerungskulturen, die sich zu Slogans wie Markt, Demokratie und sozialer Sicherheit bekennen, haben sich in den vergangenen Jahrzehnten jedoch nie zur Implosion gesteigert.

Wie lange dauert es aber noch, bis sich die Erfindung einer pannenfreien antizyklischen Politik weltweit durchgesetzt hat? Bis es keinen Winkel der Erde mehr gibt, wo Diktatoren mit schrillen Phrasen ein Massaker anrichten? Könnten solche Brandherde überhaupt noch eine globale Implosion auslösen?

Bis zum Endes des „kalten" Krieges war das die große Drohung. Heute rätseln die Auguren, ob ein „clash of civilizations", der große Krieg um die Weltherrschaft, zwischen dem Westen, dem Islam, China, Indien und einem neuen pazifischen Wirtschaftsraum zu erwarten sei. Nehmen wir an, das Risiko läge bei 25 Prozent. Die Menschheit müßte demnach mit einer Wahrscheinlichkeit von eins zu drei damit rechnen, daß es noch zu einer großen historischen Implosion kommt.

Welche Opfer könnte diese „letzte Krise" der Menschheit fordern?

Im Dreißigjährigen Krieg kamen zwei Drittel der deutschen Bevölkerung, rund 10 Milllionen Menschen um. Die beiden großen Weltkriege haben, – wenn man den Spanischen Bürgerkrieg und den Holocaust mitzählt, 100 Millionen vor ihrer Zeit sterben lassen.

Die gesamte Vernichtungskraft der Technik ist heute möglicherweise so groß, daß sie die Menschheit ausrotten könnte. Da macht es mehr Sinn und gibt mehr Handlungsspielraum, sich an die wissenschaftlich fundierte Hoffnung zu klammern, die entwickelten Demokratien würden das Rennen schon machen. Doch auch Hoffnung sollte nicht blind für Risken machen. Gewalt ist anpassungsfähig. Und der letzte Krieg war vielleicht nur der letzte seiner Art.

4. Der letzte Krieg

Seit 1993 nimmt die Zahl der gewaltsamen Konflikte in der Welt, nach einem steilen Anstieg in den 80er und frühen 90er Jahren, stetig ab. Auch 1997 gab es wieder weniger Gewalt, obwohl die Konfliktherde selbst eher mehr werden. Nach den Zählungen des Heidelberger Instituts für Internationale Konfliktforschung gab es in diesem Jahr 126 Konflikte (davon allerdings 113 weiterlaufende und nur 13 neue) – gewaltsam waren aber nur 27 davon und nur 9 wurden als „Kriege" (mit über 1000 „Gefechtstoten" im Jahr) gezählt. Die gewaltträchtigste Region ist der Vordere und Mittlere Orient (8 gewaltsame Konflikte), vor Afrika und Asien (je 7). Europa und Amerika sind fast schon gewaltfrei, bis auf noch andauernde Konfliktherde im ehemaligen Jugoslawien und am Kaukasus und im Andenbereich (gebirgige Gegenden scheinen eher zum Kämpfen zu verlocken).

Kriege waren selten rational, auch nicht für den Sieger – wenn man längerfristige ökonomische Maßstäbe anlegt. Selbst die militärischen Erfolge des Römischen Reichs, die der Oberschicht Reichtum und Sklaven brachten und dem Plebs Brot und Spiele, verhinderten letztlich die Entwicklung Roms zu einer offenen Demokratie und zu einer technisch-wissenschaftlichen Know-how-Gesellschaft. Doch das war erst viel später zu sehen. Man baute noch Triumphbögen, als Rom schon verarmte und die „Barbaren" Provinzen plünderten. Die Zeitgenossen hielten die Sieger noch für erfolgreich.

Erst recht erscheinen uns aus heutiger Sicht alle Religionskriege irrational, in denen vordergründig „nur" um die Differenzen in Kult und Dogmen gekämpft wurde. Und doch gehören Religionskriege zu den blutigsten und grausamsten Menschenschlächtereien: die Kreuzzüge, der Dreißigjährige Krieg – und bis heute der Religionskonflikt in Nordirland – wurden als Ausrottungs- und Terrorkriege geführt.

Nur die modernen „Glaubenskriege" zwischen den Ideologien forderten noch mehr Opfer. In den Napoleonischen Kriegen starben 4,5 Millionen auf den Schlachtfeldern, die beiden Weltkriege bedeuteten den Tod für insgesamt 70 Millionen Menschen. Und dazu kamen noch die Millionen Toten der russischen Revolution, des Spanischen Bürgerkriegs und des Holocaust. Der „kalte" Krieg zwischen Osten und Westen, der immerhin den Dritten Weltkrieg verhindert haben könnte, kostete in Korea und in Vietnam etwa 6 Millionen Menschenleben.

Zwischen den „großen" und „totalen" Kriegen gab es auch stärker durch Regeln und Ehrenkodizes entschärfte Kriege, nur von professionalisierten Soldaten (oft sogar nur von „Söldnern") ausgefochtene „Turniere" als politische Entscheidungsinstanzen über Herrschaftsbereiche und Tribute.

Und immer tauchten Lehren auf, die den Frieden versprachen – die „pax Romana" des Römischen Reiches, der christliche Friede des Mittelalters, die pazifistischen Doktrinen der Aufklärung. Friede ist ein vielbegehrtes Gut.

Auch heute stehen zwei Denkrichtungen im Gegensatz, beide mit guten wissenschaftlichen Argumenten: die Theorie vom „demokratischen Frieden" und dem „Ende der Geschichte" (und mit ihr der Kriege) auf der einen Seite, die Theorie vom unausweichlichen „Kampf der Kulturen" (dem „Clash of Civilizations" von Samuel P. Huntington und dem „Krieg der Zivilisation" von Bassam Tibi) andererseits.

Die Hoffnung auf das endgültige Ende des Krieges hat der Erfolgsautor und Denker Umberto Eco anläßlich des Golfkrieges 1991 in Thesen zusammengefaßt: „Pensare la guerra". (Umberto Eco, Vier moralische Schriften, München 1998).

Das Kernargument seiner Friedenstheorien postuliert, daß demokratische Staaten untereinander keine Kriege führen, weil die Wähler beider Seiten nicht bereit sind, für eine Machterweiterung ihres Staates ihr Leben oder das ihrer Söhne einzusetzen, wenn es sowieso ziemlich egal ist, in welchem Staat man lebt, wenn die Bürger- und Menschenrechte die Ausbeutung der Besiegten oder eroberter Sklaven nicht mehr erlauben. „Mit dem Krieg ist das gleiche passiert wie mit Ehrendelikt oder dem Gesetz der Vergeltung von Gleichem mit Gleichem: nicht, daß keiner sie mehr praktiziert, aber die Gemeinschaft beurteilt sie als ein Übel, während sie früher als etwas Gutes galten."

Hinter diesem Argument steht die Idee des geistigen Fortschritts, einer allgemein akzeptierten Friedensethik.

Gepaart ist dieses Postulat aber meist mit der Abschreckungstheorie. Die Waffen sind zu tödlich geworden und bedrohen selbst den überlegenen Kriegführenden. „Die Atomwaffen haben alle davon überzeugt, daß ein atomarer Konflikt keine Sieger, sondern nur einen einzigen Verlierer hätte: den Planeten." Und das gleiche gilt für den chemischen oder biologischen Krieg.

Dazu gehört nun noch die gläserne Front, die Durchsichtigkeit alles Kriegsgeschehens durch den modernen Journalismus. „Jeder Krieg der Vergangenheit basierte auf dem Prinzip, daß die Bürger im Glauben, er sei ein gerechter Krieg, den Feind zu vernichten trachteten. Heute dagegen bringt die Information nicht nur den Glauben der Bürger ins Wanken, sondern macht sie auch empfindlich für den Tod der Feinde." Der Krieg kommt über das Fernsehen in die Wohnzimmer.

Diesen Friedenstheorien halten die Andersgläubigen vor allem einmal Fakten vor. So meint Gustav Gustenau, ein österreichischer Experte: „Die empirische Forschung hat eindeutig nachgewiesen, daß Demokratie als solche noch keine Garantie für den Verzicht auf Waffengewalt bei der Austragung von massiven Interessengegensätzen ist." (G. Gustenau – Europa: Friedensgemeinschaft oder Schauplatz bewaffneter Konflikte?) Beispiele für den Krieg zwischen Demokratien, aus jüngster Zeit, gibt es: Kroatien und Serbien, Peru und Ecuador. Auch in Demokratien modernster Natur sind gewaltsame Konflikte noch längst nicht ausgestorben: Nordirland, das Baskenland und Terrorismusakte lassen sich anführen.

Reife Demokratien, wie Schweden und Norwegen, Frankreich und Deutschland, Österreich und Italien – alte Erbfeinde – erklären einander nicht mehr Krieg, führen keine Feldzüge gegeneinander, liefern sich keine Schlachten mehr. Aber schließt das einen Atomkrieg aus? Wenn heute Indien und Pakistan Atombomben besitzen, können nicht morgen schon irgendwelche „War Lords" und Guerilla-Häuptlinge darüber verfügen? Ist ein Rückfall einer Demokratie zu einem diktatorischen unter einen Desperado völlig auszuschließen? Der fanatische Verzweiflungsschrei „Lieber tot als Sklave" ist noch kein Menschenleben lang verhallt – für immer oder nur nach dem Schock der beiden Weltkriege und der Atombomben?

Und wie steht es um die „Verlierer" im gnadenlosen Fortschritt der Modernisierung? In vielen Gegenden Afrikas schwelen Bürgerkriege. Und Unruheherde mit aggressiver Gewalt sind noch überall möglich.

Die jährliche Inflationsrate in Zaire beträgt derzeit mehr als 8.000 Prozent – alle Ersparnisse sind wertlos, statt der Geldwirtschaft hat der Naturalienhandel, das Tauschgeschäft, Platz gegriffen. Es wird geschwindelt, betrogen, gestohlen. Von 140.000 Kilometern asphaltierter Straßen, die es 1960 in Zaire gab, sind 15.000 noch befahrbar – der Rest verfällt im Tropenklima schnell, wird vom Busch überwuchert.

In Ägypten kommen auf einen Hektar landwirtschaftlicher Nutzfläche mehr als 800 Bewohner, in Ruanda 400, in Deutschland sind es 11 Einwohner. Auch wenn das Niltal zu den fruchtbarsten Gebieten der Erde gehört und ein ägyptischer Bauer auf seinem bewässerten Boden zehn- und zwanzigmal mehr erntet als der deutsche Landwirt, herrscht Not. Und die Bevölkerung wächst – und Kinder werden groß, die keine Chance auf ein befriedigendes Leben haben – auch nicht bei größter Bescheidenheit.

Daraus werden junge Männer, für die der Krieg die beste aller Lebensformen ist. Der Guerillakrieg, der Bandenkrieg, der Terrorkrieg, der Religionskrieg.

Und wenn Gewalt einmal begonnen hat, ist schwer ein Ende zu finden. Das haben alle Bürgerkriege gezeigt – von Nordirland bis Südafrika, von Vietnam und Afghanistan bis Bosnien und Kosovo.

Der Archetyp des neuen Kriegers ist ein Kind, dem eine Kalaschnikow in die Hand gedrückt wird – oder auch nur eine Steinschleuder –, ist ein Mann, dessen Frau vergewaltigt oder getötet wurde, ist ein Verjagter ohne Heim, Arbeit und Frau, ist ein Soldat, der wegen Disziplinlosigkeit aus der Armee entlassen wurde – mit einem Wort: der Desperado. Der Krieg ist seine Chance.

Afghanistan-Veteranen aus der Sowjetunion verdingen sich als Söldner im ehemaligen Jugoslawien oder in anderen Gebieten, wo Gewalt ein Geschäft ist. Russische Kriminelle kämpften in Georgien, Nagorny-Karabach und Tadschikistan. In Bosnien standen ausgemusterte Soldaten des ehemaligen Warschauer Pakts Seite an Seite mit deutschen und französischen Söldnern. Und von den Amerikanern ausgerüstete afghanische Mudschahidin tauchten im Bürgerkrieg in Aserbeidschan auf.

Die Gesamtzahl dieser neuen Abenteurer-Krieger steigt schnell – und sie wandern von einem Krisenherd zum andern. Auch eine Form der Globalisierung. Diese Söldner haben nichts gelernt außer der Anwendung von Gewalt und sind nur ihrem Soldgeber, ihrem „Warlord" oder Bandenchef gegenüber loyal. Der Krieg bietet ihnen Macht, Beute, Anerkennung, Männerkameradschaft und Frauen. Sie fühlen sich als Helden. Die russischen Söldner kleiden sich fast alle wie Filmhelden. In jedem Bunker in den Bergen Bosniens trifft man das Bild eines blonden Pin-up-Girls und ein Foto des als Rambo posierenden Sylvester Stallone.

Diese neuen Krieger sind mit konventionellen militärischen Mitteln, auch mit High-Tech-Waffen, schwer zu schlagen. Sie führen Guerillakrieg, aus dem Hinterhalt, halten sich an keine humanitären Regeln.

Die Größe dieser neuen Kriegsbedrohung ist nicht abzusehen. Mit jedem Konflikt werden sie mehr, jedes Notstandsgebiet ist eine potentielle Gewaltregion, das diese neuen Krieger anlockt. Es gibt so etwas wie den Markt des Krieges, einen Weltmarkt der Gewalt.

Eine Bedrohung neuer Größenordnung wird daraus, wenn sich dieser Krieg der Desperados mit Atomwaffen aufrüstet. Dazu sei aus einem Bericht von Wolf Lotter im „profil" vom 8. Juni 1998 mit dem Titel „Atomkrieg für alle" zitiert, der sich wiederum auf Jessica Stern, US-Sicherheitsexpertin, beruft.

„Von 132 russischen Atombomben der „Suitcase-Class", leichter Kofferbomben, seien nur mehr 48 in den Arsenalen der Streitmacht vorhanden. Der Rest ist wohl in Händen von Banditen, die sie an die Bestbietenden verkaufen", gab Alexander Lebed voriges Jahr im US-

Fernsehen zu. Die Nuklearversuche, die Pakistan kürzlich triumphierend verkündete, seien von russischen „Technosöldnern" vorbereitet worden.

Die Entwicklung herkömmlicher Atombomben ist teuer – Pakistan habe für eine seiner Bomben mehr als 2 Milliarden EURO bezahlt. Doch es wird billiger, der Rohstoff Plutonium wächst aus der Atomtechnik rasch zu; derzeit gäbe es davon schon 1.400 Tonnen, bis 2010 doppelt so viel. Damit ließen sich 180.000 Atombomben bauen. Das würde für die Ausrottung des Homo Sapiens wohl reichen.

Doch auch nur eine teilweise Verseuchung großer Gebiete mit Radioaktivität erscheint grauenhaft.

Der Verlust der animalischen Tötungshemmung gegenüber Artgenossen durch das begriffliche Etikettieren von Mitmenschen als „Fremde" und durch das „Töten aus der Ferne" hat ein mörderisches Gemisch aus Aggression und Berechnung hervorgebracht: den Krieg. Er ist heute wohl die brisanteste Drohung der Natur.

III. THEORIE

1. Die Falle der Tasmanier – Evolution

Evolution braucht Konkurrenz.

Die biologische Evolution schafft sie sich selbst durch die Mutation der Gene. Vorteilhafte Varianten der genetischen Botschaft setzen sich durch – auch wenn sie nur kleine Vorteile bieten oder eine neue Nische im Lebensraum besetzen können.

Die kulturelle Evolution kann sich auf zufällige Mutationen weniger verlassen. Neue Einfälle und Ideen, Erfindungen und Entdeckungen setzen sich gegen die konservative Natur sozialer Systeme nicht so leicht durch. In einer fest gefügten, nicht direkt bedrohten Gesellschaft, fristen neue Ideen ein kümmerliches Dasein. Das Neue hat nur eine Chance, wenn man es dringend braucht. Ein besonders eindrucksvolles Beispiel für die Starrheit sozialer Systeme geben die Tasmanier.

Tasmanien, die große Insel im Süden Australiens, wurde vor etwa 10.000 Jahren durch das Ansteigen des Meeresspiegels vom Festland abgeschnitten. Die Bewohner, steinzeitliche Aborigines, blieben isoliert, bis im 18. Jahrhundert die Europäer mit ihnen in Kontakt kamen.

Es existiert heute kein anderes Volk, das so lange für sich geblieben ist. Die Vorstellung ist für einen modernen Menschen schwer faßbar: eine Gruppe von Menschen, nicht zahlreicher als die Mitglieder einer mittelgroßen Firma oder einer neuen Stadtrandsiedlung, lebt von Generation zu Generation ohne zu wissen, daß es noch andere Kulturen gibt, daß man auch ganz anders leben könnte.

Über die Lebensweise der Tasmanier zum Zeitpunkt ihrer Berührung mit den europäischen Entdeckern liegen Beobachtungen verschiedener Forschungsreisender und Siedler vor. Ein ausführlicher und um Objektivität bemühter Bericht stammt von Francois Péron, der im Jahr 1802 Tasmanien mit einer der ersten anthropologischen Expeditionen besuchte.

Die Tasmanier lebten in Gruppen von vierzig bis fünfzig Menschen. Jeder Gruppe gehörten einige hundert Quadratkilometer in einem Streifen, der sich von der Küste bis ins gebirgige Landesinnere erstreckte. Nur in dieser Zone, die gegen die Nachbarn verteidigt wurde, zog die Gruppe hin und her.

Die Frauen verwendeten einfache Holzstichel, um Wurzeln aus dem Boden zu wühlen, Holzmeißel, um Schalentiere von den Felsen zu klopfen, kurze Grasseile, um auf Bäume zu klettern. Die Ausbeute wurde in Körben und Beuteln aus Tierhäuten nach Hause getragen. Känguruhhäute waren ihre einzige Bekleidung.

Die Männer erlegten mit Holzspeeren und Steinen, die sie geschickt zu werfen verstanden, Känguruhs und Wallabys, Seehunde und Vögel. Fischfang kannten sie nicht. In den kühlen Wintermonaten drängten sie sich um ihre Lagerfeuer und hungerten. Sie erkrankten oft.

Sie boten noch nach tausenden Jahren das Bild einer sehr primitiven Kultur. Erklärungen dafür sind nicht leicht zu finden. Die Tasmanier schienen keineswegs genetisch verarmt oder degeneriert zu sein. Als tasmanische Kinder in europäische Schulen kamen, lernten sie genau so gut und schlecht wie die Kinder der Europäer. Auch typisch menschliche Grundzüge wie die Dominanz der Männer, Streit um Führungsrollen und Revierverteidigung waren bei den Tasmaniern ausgeprägt.

Nur die Kultur scheint zehntausend Jahre verschlafen zu haben. Vieles deutet sogar auf einen kulturellen Rückschlag hin. Aus archäologischen Funden läßt sich schließen, daß nützliche Werkzeuge wie Bumerangs, Speere mit gezackter Schneide, Flöße und Boote verlorengegangen sind. Die Urtasmanier kannten den Fischfang.

Am Beispiel der Tasmanier sind einige Erkenntnisse über die kulturelle Evolution zu gewinnen.

Ohne Konkurrenz kann eine Kultur, die gerade zum Überleben taugt, ohne Fortschritt bestehen.

Mangelndes Wohlbefinden ruft nicht von selbst Neues hervor.

In einer weniger krassen Weise stellt sich auch für andere Kulturen die „tasmanische Frage“: warum haben über so lange Zeit Menschen in elenden Verhältnissen gelebt, ohne etwas dagegen zu unternehmen? Warum opferten sie in selbstzerstörerischen Riten sogar die eigenen Kinder? Warum dauerte es so lange, bis sich eindeutig effizientere Formen sozialer Systeme durchsetzten? Warum entwickelten sich „bessere“ Systeme so schwer – obwohl es genug Konkurrenz gegeben hätte?

Was geschah bei den Tasmaniern, wenn in einer Gruppe jemand eine kleine Verbesserung erfand? Wurde sie sofort unterdrückt und verboten? Oder brachte erst die gesammelte konservative Macht der anderen Gruppen den Erfinderclan dazu, auf seine Innovation zu verzichten? Konnte sich keine Verbesserung heimlich durchsetzen? Einige politische Streitfragen tauchen da, in ein neues Licht gestellt, auf.

Reform oder Revolution?

Wie muß das Neue beschaffen sein, um sich gegen Beharrungskräfte durchsetzen? Die Einführung des Wahlrechts hat nicht immer genügt, auch nur eine halbwegs funktionierende Demokratie herzustellen. Ohne Pressefreiheit, Marktwirtschaft, Konkurrenz und Parteien kann sich nicht jener Anpassungsmechanismus entwickeln, den man unter Demokratie versteht. Ohne diese Faktoren wäre die Demokratie ständig bedroht und würde in Not und unter dem Druck der Straße wieder in die Falle autoritärer Herrschaftsformen tappen.

Es war nicht bloß historischer Zufall, daß Adolf Hitler nach den ersten fünfzehn Jahren Republik in Deutschland durch Wahlen an die Macht kam. Deutschlands Demokratie hat heute eine mehr als fünfzigjährige Erfahrung. Die konservierende Stabilität der kulturellen Evolution bewahrt auch vor Rückschritten.

So mag auch die am tasmanischen Beispiel gezeigte Rigidität sozialer Systeme ihren Sinn haben. In der biologischen Evolution scheiden negative Neuerungen rasch aus. Der Schaden, den manche Kulturmuster anrichten, etwa die rücksichtslose Ausbeutung der Nahrungsgrundlagen, wird oft erst registriert, wenn die Gesellschaft schon geschwächt ist. Es wäre zweifellos besser, wenn sich solche Verschlimmerungen gar nicht erst durchsetzten. Erfreulich wäre es, wenn das nicht aus Veränderungsscheu geschähe, sondern aus einer rationalen Nutzen-Schaden-Abwägung. Sind Gesellschaften heute dazu imstande?

2. Say oder Marx – Geht uns die Arbeit aus?

Es waren wenig spektakuläre Neuerungen, die das moderne städtische Proletariat entstehen ließen: Der eiserne Pflug, verbesserte Fruchtfolgen, die mechanische Mähmaschine, von Pferden gezogen. Als Napoleon mit der Dynamik der bürgerlichen französischen Revolution Europa überrannte, ernährte ein landwirtschaftlicher Arbeiter nicht einmal zwei andere Menschen. In der Mitte des neunzehnten Jahrhunderts waren es schon vier. Landflucht, die Entstehung des Proletariats und Maschinenstürmerei waren die Folge.

Jean Baptiste Say, ein französischer Wirtschaftstheoretiker der ersten großen Industrialisierungswelle, entwickelte eine optimistische Deutung, die später unter der Bezeichnung „Saysches Theorem" in die Ökonomie einging. Es sagt, arbeitssparende Technologien würden Kosten und Preise senken und so die Nachfrage der Konsumenten erhöhen. Der gestiegene Umsatz würde den Verlust an Arbeitskräften wettmachen. Die Arbeit gehe nie aus, weil die menschlichen Wünsche unersättlich seien. Arbeitslosigkeit trete nur vorübergehend auf, wenn die Freisetzung durch die Technik rascher verläuft als die Schaffung neuer Arbeitsplätze.

Andere Ökonomen, unter anderen Karl Marx, haben dem heftig widersprochen. Marx hielt eine solch ideale Anpassung über den Markt für unrealistisch, da die Konzentration des Kapitals Monopolbildungen zur Folge habe und die Unternehmer durch Absprachen die Löhne niedrig und die Preise hoch halten würden.

Wer hat nun recht, Say oder Marx?

Historisch gesehen: beide. Die Produktion von Gütern und Dienstleistungen ist gestiegen, die Arbeit nicht ausgegangen und Oligopole diktieren die Weltmarktpreise.

In den reichsten Regionen der Erde erzeugen heute zwei Prozent der Bevölkerung nicht nur genug Lebensmittel für alle, sondern noch Überschüsse. Nur noch 15 bis 20 Prozent arbeiten direkt in der Industrie. Man schätzt, daß die Menge an Produktionen, die zu Say's und Marx' Lebzeiten den Mitbürgern jährlich zuflossen, heute in einer Fünf-Stunden-Woche erzeugt werden könnten.

Aber so mathematisch glatt, wie es die Eleganz der Say'schen Theorie verspricht, spielte sich die „Selbstregulierung" doch nicht ab.

Im Jahre 1929 analysierte der amerikanische Hoover-Bericht, daß „die menschlichen Bedürfnisse unerschöpflich" und „der Wirtschaft keine Grenzen gesetzt sind". Wenige Monate danach löste der Börsenkrach in New York die bis dahin größte Weltwirtschaftskrise aus. Werbung und Marketingkampagnen, die man gegen die steigende Arbeitslosigkeit eingesetzt hatte, waren nicht imstande gewesen, den Konsum bei sinkender Kaufkraft anzuregen. Der Teufelskreis, den Marx analysiert hatte, ließ die Löhne sinken und die Fabriken auf Lager produzieren.

Als nach der Katastrophe des Zweiten Weltkriegs die Wirtschaft aus Steuermitteln – „deficit spending" – angekurbelt wurde und sich sozialpartnerschaftliche Modelle des Klassenkampfs etablierten, hatte Say wieder rechtbehalten.

Die Theorie der kulturellen Evolution bietet dafür eine flexible Erklärung. Technischer Fortschritt macht Arbeiter arbeitslos, bringt Unternehmern Profit, regt neue Produktionen an, löst den Protest der „Verlierer" aus, ruft die Konkurrenz auf den Plan und läßt die Preise fallen.

Das Say'sche Theorem sieht allerdings nur die langfristige Regulierung. Die wird aber durch Not angetrieben, oft erst durch Katastrophen beschleunigt. Der ungesteuerte Rhythmus verursacht eine „harte" Regulation mit Wirtschaftskrise, Streik, Klassenkampf, Diktatur und Krieg.

Die Marxsche Theorie ruft dagegen zur politischen Steuerung der Marktkräfte auf – zur „sanften" Regulierug durch Einsicht. Dazu wäre aber ein hoher Grad von Reflexion notwendig, ein intelligentes System. Mit den technischen Innovationen von gewaltiger Schubkraft, wie wir sie heute erleben, stellt sich das Problem erneut. In neuer Schärfe.

3. Vertrauenskrise

Sind die Systeme intelligenter geworden oder nur komplexer, größer und verworrener? Wenn jemand in ein Flugzeug steigt, muß er nicht wissen, ob sein statistisches Risiko, auf der Reise ums Leben zu kommen, größer oder kleiner ist als das seines Ururgroßvaters, der in die Postkutsche stieg. Entscheidend für seine Seelenruhe ist das Vertrauen. Gilt das nicht für ziemlich viele gesellschaftliche Probleme, die uns heute ängstigen? Gilt das auch für die Alterssicherung?

Das Ausgedinge für den Altbauern und das Gnadenbrot für die Magd waren zweifellos stärker dem Zufall unterworfen als der Pensionsanspruch im modernen Sozialstaat: hartherzige Erben, Mißernten und Hungersnot konnten die Versorgung im Alter unsicher machen. Den Anspruch auf die Pension schützt heute der Rechtsstaat gegen individuelles Pech. Das System der Alterssicherung ist also deutlich verläßlicher geworden. Doch das wohlfahrtsstaatliche Pensionssystem ist in Gefahr, wenn die Bürger nicht mehr darauf vertrauen, daß ihre Ansprüche gesichert sind. In der Folge schwindet auch ganz schnell das Vertrauen in die Politik. Ein System kann aus Mangel an Vertrauen zugrunde gehen? Vertrauen ist wie Atemluft: Der Mangel wird erst bewußt, wenn es schon fast zu spät ist. In einer funktionierenden modernen Gesellschaft vertraut man darauf, daß Züge pünktlich fahren und Strom aus der Steckdose kommt, daß die Richter sich an das Gesetz halten und am Monatsende das Gehalt bezahlt wird. Doch alles Vertrauen hat Grenzen.

Mathematisch dargestellt, hat jeder Mensch in seinem Fühlen und Denken, in seinem Unbewußten und Bewußtsein, einen großen Raum des Vertrauens. Und einen Raum des Mißtrauens. Ein Großteil des Vertrauens taucht kaum ins Bewußtsein auf, wird nicht hinterfragt, sondern unbesehen hingenommen – solches Vertrauen ist „blind".

Es gibt auch „blindes" Mißtrauen. Bekanntlich ist es viel leichter, Fremdes zu hassen als gern zu haben. Jede Kultur baut daher Brücken, um mehr Menschen in den Vertrauensraum zu lassen.

Auch Mißtrauen ist etwas ganz Normales. Jeder Mensch schützt sich. Gefährlich wird es, wenn sich die Grenzen zwischen Vertrauen und Mißtrauen verschieben und aus Angst Wut und Haß wächst. Es gibt eine durch Tests gestützte Annahme, daß jeder Mensch in seinem Bewußtseinsraum einen „locus of control" absteckt, eine zentrale Kontrollinstanz über sein eigenes Leben. Das mag für den Karrieristen die Firma sein, für den Frommen Gott, für das Kind die Mutter, für die Emanzipierte sie selbst. Je selbstsicherer jemand ist, desto mehr Kontrolle mißt er sich zu. Hilflosigkeit wird erlernt, Selbstvertrauen „gebrochen". Experimentell wurde das in Tierversuchen nachgewiesen. Dressur beruht darauf. Soziale Techniken der Unterwerfung beruhen darauf. Drill und Disziplinierung verschieben die Kontrollinstanz von sich selbst nach außen. So gesehen, teilt sich der Bewußtseinsraum jedes Menschen in drei Sphären: Selbstvertrauen, Vertrauen und Mißtrauen. Es kommt also darauf an, ob jemand das Gefühl hat, daß fremde Instanzen über sein Schicksal bestimmen oder ob es solche sind, denen man vertraut.

Lenin wird der Spruch „Vertrauen ist gut, Kontrolle ist besser" zugeschrieben. Ein gescheites Wort, doch nur, wenn Kontrolle als begründetes Selbstvertrauen in die Autonomie der Bürger begriffen wird. Dann würde das nämlich die Idee des Liberalismus repräsentieren. Ein Kommunist kann nur gemeint haben, die berufene Elite solle das Volk besser kontrollieren als ihm vertrauen.

Im Prinzip muß natürlich jede Führung so denken. Führen heißt, sich selbst mehr zu vertrauen als den Geführten.

Wünschenswert wäre so etwas wie eine Landkarte des Vertrauens. Sie sollte die Realität des gesamten Vertrauens in einer Gesellschaft abbilden. Wie würde sich die Konkurrenz der Kulturen in einer solchen Kartographie spiegeln?

4. Faktor 10

Napoleon, vor dem Widerstand der katholischen Kirche gewarnt, soll abschätzig gesagt haben: Wieviele Bataillone hat der Papst?

Tempel, Kirchen, Paläste und die großen Mauern der Festungen prägten das Bild der großen Kulturen. Die Stärke einer Gesellschaft wurde immer nach dem Einfluß der Religion und den Machtmitteln des Militärs bemessen.

Waren sie tatsächlich entscheidende Kriterien der kulturellen Evolution? Oder zählte nicht immer schon der Wohlstand?

Durch die Epoche der Hochkulturen zieht sich ein roter Faden erfolgreicher Kleinkulturen mit breit verteiltem Reichtum und demokratischen Einrichtungen: die demokratisch verfaßten griechischen Stadtstaaten, das Volk der Israeliten, später die Hansestädte.

Händler- und Handwerkerkulturen hatten mit Bekehrungen und Eroberungen wenig im Sinn. Ihre Eliten waren pragmatisch, ihre Bürger selbstbewußt. Den Erfolg maßen sie, wenn auch nicht ausschließlich, in Profit.

Aus diesen Kleinkulturen ist nach mehr als zweitausend Jahren ein Kulturmuster entstanden, das so erfolgreich ist, daß es die europäische Zivilisation und dann andere Teile der Welt durchdrang. Man könnte das Phänomen mit den Begriffen Kapitalismus, Marktwirtschaft, Demokratie, Wohlfahrtsstaat, Aufklärung und Modernisierung umschreiben. Doch das Ganze ist mehr als jeder einzelne dieser Begriffe.

Die weltweit dominante Geldkultur mißt ihren Erfolg als Bruttoinlandsprodukt, kurz BIP genannt. Die Höhe dieser Recheneinheit pro Kopf der Bevölkerung und noch mehr deren jährliche Zuwachsrate, das „Wirtschaftswachstum“, ist im 20. Jahrhundert zum wichtigsten Kriterium gesellschaftlicher „Fitneß“ geworden.

Es ist fast so etwas wie eine „heilige Zahl“. Arbeitsmarkt und Lohnpolitik reagieren darauf. Die Wachstumsrate weckt Optimismus oder Pessimismus. Anpassungen in den Leistungen des Sozialstaates folgen der heiligen Zahl. Sinkende Wachstumsraten geben der Opposition Wahlchancen. Regierende versuchen, alle Schnüre zu ziehen, um das Wachstum wieder auf eine respektable Höhe zu bringen. Doch dieser BIP-Glaube kommt in Schwierigkeiten.

Das BIP mißt nicht das Richtige.

Der Fehler liegt in der Festlegung auf die Gegenwart und auf das eigene Land. Produkte verbrauchen schon bei der Herstellung Ressourcen an Bodenschätzen, Energie, Natur – die früher oder später knapp werden können. Die steigenden Kosten durch Verknappung werden im BIP nicht berücksichtigt. Je kürzer die Lebensdauer, je mehr Energie, Reparatur und Ersatzteile ein Produkt braucht, umso teurer ist es langfristig – selbst wenn es derzeit billiger hergestellt wurde. Viel von diesen zukünftigen Kosten muß der Staat aus Steuergeldern durch Bereitstellen der Infrastruktur zahlen. Und wenn heute noch Billiglohnländer ihre Ressourcen und Naturbestände verschleudern, verzerren die derzeitigen Preise die längerfristig erwachsenden Kosten hier wie dort.

Eine Methode, diesen Fehler des BIP durch ein neues Maß auszugleichen, wurde von einer Gruppe europäischer Wissenschafter unter der Ägide des Wuppertal-Instituts vorgeschlagen und propagiert: MIPS – Materialintensität pro Serviceeinheit. Mit diesem Maßstab werden die verbrauchten Stoffmengen in Kilogramm oder Tonnen verrechnet. Der Materialaufwand für Herstellung, Betrieb, Reparatur, Wartung und Entsorgung und Transport wird berücksichtigt. Bei der Bewertung der Ressourcenintensität wird festgestellt, wie groß der „ökologische Rucksack“ ist, und wo es sich technisch und wirtschaftlich am ehesten lohnen könnte, eine Dematerialisierung in Angriff zu nehmen. In allen Prozessen ließe sich so viel einsparen, daß die Vertreter des MIPS-Glaubens den „Faktor 10“ – Reduktion der Materialintensität auf ein Zehntel – als Maß für nachhaltiges Wirtschaften verkünden. Der Archetyp des Overconsumers ist der Normalamerikaner. Er konsumiert täglich ungefähr sein eigenes Gewicht: 18 Kilo Petroleum/Kohle, 13 Kilo andere Mineralien, 12 Kilo Agrarprodukte und 9 Kilo andere Produkte. Am anderen Ende der MIPS-Skala finden wir die Bewohner armer „übervölkerter" Gebiete, die mit allen Ressourcen aufs Äußerste sparen müssen, mit 1,5 Kilo pro Kopf. Das heißt, daß ein Nordamerikaner 34 Bangladeschis entspricht.

Demnach hätten die Vereinigten Staaten eine Bevölkerung von sieben Milliarden Bangladeschis und Bangladesch hat nicht mehr als fünf Millionen Nordamerikaner. Wo ist da die Übervölkerung?

Die Europäische Kommission hat das Thema bereits aufgegriffen. Die Umweltminister der OECD-Staaten beschlossen, „Faktor 10 in 30 Jahren" zu einem Arbeitsprogramm des Sekretariats in Paris zu machen. Österreich, der Musterschüler, erstellte schon 1995 einen nationalen Umweltplan, der ebenfalls „Faktor 10" für die Stoffströme in Aussicht stellt.

Die Kritik, daß ein Maß der Produktion, und sei es noch so gut ökologisch gewichtet, nicht Kriterium für den Erfolg einer Gesellschaft sein kann, geht freilich tief ins Philosophische.

Die meisten Vorschläge zu einer neuen gesellschaftlichen Buchhaltung gehen von der Maxime aus, wo es möglichst vielen gut geht, ist auch die Gesellschaft gut. Zum Gutgehen gehören Einkommen, soziale Sicherheit, geringe Kriminalität, Rechtssicherheit, Umweltqualität und Frauenemanzipation.

Ländervergleiche machen es schwierig, hier zu einem allgemein anerkannten Wohlstandsmaß zu finden. Die Glücksforschung bemüht sich, das Wohlbefinden direkt, durch eingehendes Befragen der Menschen, zu erfassen. Das ergibt sehr gute Hinweise, – ist aber für ein objektives Vergleichsmaß noch weniger geeignet. Immerhin haben Glücksmessungen ergeben, daß die kleinen Demokratien in Europa zu den glücklicheren Nationen gehören und die wirtschaftlich elendsten Dritte-Welt-Völker auch verzweifelt sind.

Doch wesentliche Verbesserungen in der Meßschärfe des BIP

ließen sich schon erzielen, wenn man Krankheit – deren Kosten das BIP „verbessern“ und Arbeitslosigkeit, die als Symptom gesteigerter Produktivität aufscheint, in die volkswirtschaftliche Bewertung als Negativa einführte. Das leistet etwa der „Index für ökonomischen Wohlstand“ (Measure of Economic Welfare, MEW), der schon in den frühen 70er Jahren entstand.

Im Ideal decken sich menschliches Glück und der Erfolg einer Gesellschaft, weil beide die volle und harmonische Entwicklung der natürlichen Kapazitäten im Sinn haben.

Doch von diesem Ziel der Vervollkommnung sind Gesellschaften und Kulturen noch weit entfernt. Sie müssen hohe Komplexität noch weitgehend gegen das Glücksstreben der Einzelnen und ihrer Interessengruppen erzwingen.

5. Die Neuen Schlagworte

Kulturelle Evolution

Soziale Systeme befinden sich ebenso wie biologische Systeme in einem ständigen Wettbewerb des Lebens nach den Gesetzen der Evolution. Evolution tendiert zu höherer Komplexität. Kulturen müssen dabei einander nicht vernichten, sie können einander befruchten und durchdringen. Die kulturelle Evolution hat sich in den vergangenen Jahrhunderten stetig beschleunigt und durch Techniken, die heute die Welt umspannen, einen kritischen Punkt erreicht.

Neue gesellschaftliche Lebensformen und Systeme sind im Entstehen. Die Risken sind größer geworden, aber auch die Chancen.

Regionalisierung

Der Wettbewerb der kulturellen Evolution verlagert sich von Kulturen und Systemen zu Regionen. Der Wettbewerb zwischen den großen Religionskulturen, zwischen politischen Ideologien und selbst zwischen den Nationen wird weniger wichtig. Heute stehen wirtschaftlich und wissenschaftlich vernetzte Regionen in Konkurrenz um die Ressourcen, nicht zuletzt um die geistigen Ressourcen und um Qualifikationen und Wissensvorsprünge. Die Konkurrenz um die kulturelle und wirtschaftliche Überlegenheit läuft heute zwischen Kalifornien, der amerikanischen East-Coast, der Blauen Banane von Südengland bis Katalonien, Japan, Shanghai, Südkorea, Singapur, Südafrika, Brasilien von Rio de Janeiro bis Sao Paulo, um nur einige wichtige Regionen zu nennen. In diesen Regionen entstehen besonders fruchtbare Mischkulturen. Der Fundamentalismus, als Teil der „harten" Regulation, hat langfristig keine Chance. Die sanfte Regulation durch Effektivität und Selbststeuerung von Systemen gewinnt an Bedeutung.

Optimismus

Die Triebkraft aller Gesellschaften speist sich aus zwei Quellen des psychischen Antriebs: den starken, oft revolutionären Kräften der Leidvermeidung und der langsamen, aber durchdringenden Kraft des Optimismus. Dem stehen die bremsenden Trägheitsfaktoren der negativen Anpassung an das Gegebene gegenüber: pessimistische Weltsicht, Tröstungstechniken wie Drogensucht, magisches Denken und elitäre Selbstüberhöhung.

Modernen Gesellschaften, die eigentlich alle Grundbedürfnisse befriedigen, bleibt aus der Leidvermeidung nur ein geringer Anteil an Triebkraft übrig. Im Wettlauf moderner Kulturen kann man nur auf den Optimismus als treibende Kraft setzen.

Psychische Mobilisierung

Alle gesellschaftlichen Bewegungen zielen auf Mobilisierung durch Optimismus und sind dabei oft sehr erfolgreich. Die Mobilisierung von Massen muß immer gewaltige Dosierungen an optimistischer Propaganda enthalten – freilich auch die Emotionalisierung über alle nur denkbaren Kräfte aus dem Unbewußten. In allen Gesellschaften spielt sich eine solcher Aufruf zum Optimismus fortwährend ab und entscheidet über die Dynamik der Wirtschaft. Kollektiven Optimismus zu fördern, funktioniert nur, wenn auf schon vorhandene psychische Kräfte gebaut werden kann. Zutiefst verzweifelte, gebrochene Menschen sind durch die gefinkeltsten Appelle an das positive Denken und die Gnade Gottes nicht optimistischer zu stimmen. Diktaturen hatten mit ihrem Horuck-Optimismus keinen Erfolg. Auch der Optimismus einer elitären Minderheit genügt nicht, um gegen die Konkurrenz von Gesellschaften zu bestehen, die eine breitere Mobilisierung zustande bringen. Die Kraft des Optimismus braucht unbedingt die Erfahrung des eigenen Werts und der persönlichen Entfaltungsmöglichkeit. Kern der optimistischen Antriebskraft ist das Flow-Erlebnis des erfolgreichen Tuns – das Urvertrauen in sich selbst und in die Welt.

Empowerment

Damit eine Gesellschaft nachhaltig erfolgreich ist, bedarf es der Bildung von tiefgreifenden seelischen Grundlagen, mit einem neuen Modewort Empowerment genannt oder auch Selbstbekräftigung.

Die Grundlagen zur Ich-Stärke werden in frühester Kindheit gelegt, schon im Mutterleib. Im wesentlichen ist der Prozeß bis zur Pubertät abgeschlossen. Vom Erwachsenen erwartete man früher und auch heute eine stabile Persönlichkeit. Immer schon hat es Reparaturdiensten, Therapien, bedurft, wenn der Erziehungsprozeß nicht ganz so gut verlaufen war. In der rapiden Dynamik der modernen Gesellschaften dürfte die Heranbildung der reifen Persönlichkeit im Zeitraum von Kindheit und Jugend nicht mehr ausreichen. Schon die Ausbildung reicht heute bis in die Lebensmitte und überschneidet sich mit Familiengründung und Kindererziehung. Lebensbegleitendes Lernen und die „Therapie“ könnten allmählich zur normalen Weiterbildung der Persönlichkeit werden.

Wissensgesellschaft

Die Gewinner der Zukunft sind die Wissensgesellschaften. Der Wettlauf der Kulturen wird von Gesellschaften gewonnen werden, die das langfristige Lernen und die Erziehung zur persönlichen Reife auf einen hohen Stand bringen. Darin liegt eine Hoffnung für die Menschheit. Wenn Wissens- und Bildungstechniken dominieren, besteht die Chance zu einer friedlichen Weltgesellschaft, in der sich die Konkurrenz nur noch über die psychischen Befindlichkeiten abspielt.

Natürlich wird es auch dort Gewinner und Verlierer geben, aber die siegreichen Gesellschaften werden die anderen nicht unterdrücken, sondern erziehen, weiterbilden und motivieren. Es gibt Beispiele einer solch neuen Form der Evolution: Ich zähle dazu den Zusammenschluß der großen Wirtschaftsräume, die Europäische Union. Hier zeichnet sich ein demographischer Konsens ab, der die Konfliktaustragung mit der Leidvermeidung koppelt. Empowerment durch Bildung und Optimismus sind ein soziales Anliegen geworden. Statt religiöser Offenbarungsbücher und großer Parteiprogramme werden in Zukunft konkrete Visionen auf wissenschaftlicher Grundlage die Leitlinien bilden.

6. Wachstum

Die Theorie der biologischen Evolution wird mit einem großen Namen verbunden: Charles Darwin. Doch die Epoche der großen Entdecker und Erfinder ist vorbei. Moderne Innovationen sind nicht mehr an Namen geknüpft. Die Theorie der kulturellen Evolution gehört zu dieser neuen Kollektivität. Kulturelle Evolution betrifft Kulturen. Der Begriff Kultur ist dabei umfassend zu verstehen: als „Software" sozialer Systeme, als die Informationsmuster von Gesellschaften, als das „Wesen" einer Gesellschaft.

Soziale Einheiten, etwa Verbände, Firmen, Organisationen und Nationen, sind lernende Systeme. Ihre Elemente sind die einzelnen

Menschen. Doch die Menschen gehören nicht in ihrer Ganzheit dem System an, sondern nur in ihren jeweiligen Funktionen und im Zusammenwirken mit dem Ganzen. Die Gesamtheit dieser Funktionen und Relationen kann man als Kultur bezeichnen. Sie umfaßt das Wissen einer Gesellschaft, das Know-how, die Normen und Regeln, die Ethik, die Verhaltensmuster.

Daraus ergibt sich je nach Situation, Milieu und Zeitgeist die Anpassungsleistung eines sozialen Systems. Man könnte auch sagen seine Überlebensfähigkeit oder seine „Effizienz". Kurzfristig sehr erfolgreiche Systeme können sich auf längere Sicht zu Tode siegen. Dagegen können Verlierer-Systeme, die in Nischen abgedrängt wurden, dort möglicherweise sehr lange überleben und dann unter geänderten Verhältnissen eine große Karriere starten.

Doch auch für soziale Systeme lassen sich allgemeingültige Gesetzmäßigkeiten, also Regelmäßigkeiten mit hoher Wahrscheinlichkeit, feststellen:

- Lerntheorie der Erfahrungsnähe
- Zwei-Kräfte-Theorie von Interessen und Werten
- Gewinner-Verlierer-Theorie der kulturellen Evolution
- Gleichgewichtspostulat zwischen Kohärenz und Innovativität

Lerntheorie der Erfahrungsnähe

Menschen lernen umso schneller, je persönlicher und direkter ihre Erfahrungen sind. Keine Warnung ist so effektiv wie ein erlebter Unfall. Liebe ergreift mehr als medialer Starkult. Eine Revolution übertrifft jede Wahlkampagne.

Trotzdem können langdauernde, indirekte Eindrücke die Persönlichkeit stärker formen als schwache Eigenerfahrungen. Das gilt besonders für Ideenwelten und Glaubenssysteme, die eine fortdauernde Realität im Kopf bilden.

Was stärker aufregt, prägt sich besser ein. Das Lernen eines Systems ist jedoch mehr als die Summe des individuellen Lernens innerhalb des Systems. Es sind daher weitere Effekte zu berücksichtigen.

- Der Zugang und der Abgang von Menschen mit ihrem eigenen Repertoire – die Migration, die Drop-outs, der Brain-Drain;
- die Speicherung von individuellem Know-how in den Wissensreservoiren des Systems – Bibliotheken, Organisationen, Maschinen;
- die Innovation von Strukturen und Prozessen – die Veränderung des Systemverhaltens.

Soziale Einheiten werden, wie Menschen, eher durch Schaden klug als durch Nachdenken und Vorausschau. Leider. Aber wer einmal von einer Sache begeistert war, die Erregung gemeinsamen Denkens und Handelns gespürt hat – vielleicht unterstützt von den Stimulationen der Kunst –, der hat erfahren, daß Lernen nicht nur aus dem Leid heraus möglich ist.

Alle großen kulturellen Bewegungen haben die menschliche Fähigkeit zur Begeisterung genützt. Bloße Information genügt nicht, sie ist zu langweilig.

Die zwei großen Kräfte: Interessen und Werte

Motiviert wird der Mensch durch emotionale Antriebe. Emotionen kann man nach ihrer Zielgerichtetheit in Interessen und Werte unterteilen.

Beides sind gedankliche Konstrukte, die sich manchmal auch weit von der Realität entfernen können. Durch ihre emotionale Ladung widerstehen sie sehr zäh der Änderung, insbesondere durch bloße kognitive Informationen.

Interessen beziehen sich auf die eigene Bedürfnisbefriedigung, auf Lustgewinn und Leidvermeidung, sie sind egoistisch.

Gruppen habe kollektive Interessen, die im Idealfall von den Repräsentanten dieser Gruppen vertreten werden. Individuelle Interessen und Gruppeninteressen stimmen aber oft nicht überein.

Dagegen richten sich Werte auf übergeordnete, von Interessen unabhängige Ziele. Werte gehen als Normen, Ideale und Vorbilder aus der Gesellschaft hervor und werden über Erziehung, Bildung und eigenes Erleben vermittelt. Meist geschieht dies unbewußt. Werte sind deshalb sehr schwer zu verändern. Sie bilden meist die wesentlichen Identitätsbestandteile einer Kultur.

Interessen und Werte sind die beiden großen Triebkräfte der Gesellschaft. Interessen bewegen unmittelbar und „triebhaft“, Werte wirken langsam und stetig.

Treten die beiden in Widerstreit, so siegen kurzfristig immer die Interessen. Längerfristig setzen sich aber die Werte durch.

Für diese Gesetzmäßigkeit schämt man sich, besonders in christlichen Gesellschaften. Man deckt Interessen gern mit Werten zu. Doch Heuchelei ist leicht zu durchschauen. Demokratie und Marktwirtschaft anerkennen die Kraft der Interessen. Sie kalkulieren aber auch mit der Nachhaltigkeit von Werten. Der Markt gibt jedem die Chance, auf seinen eigenen Vorteil zu achten. Er bricht jedoch zusammen, wenn durch Betrug und Schwindeln der grundlegende Wert des Vertrauens zerstört wird.

Gewinner und Verlierer

Wenn sich eine Gesellschaft entwickeln soll, braucht sie Innovationen, die aus der Kraft von Interessen und Werten angetrieben werden. Evolution bedeutet aber auch Selektion des effizienteren Systems. Dabei muß es Gewinner und Verlierer geben.

Verlieren heißt nicht unbedingt, daß Menschen zugrunde gehen oder ganze Systeme. Oft werden nur Theorien, Sitten und Normen verdrängt. Größere Kulturen verschwinden auch in der Niederlage nicht. Sie überdauern Eroberung und Revolution durch Anpassung.

Kohärenz und Innovativität

Die Widersprüche von Alt und Neu, Ordnung und Spontaneität, Tradition und Originalität gibt es in jedem sozialen System. In der Familie heißt er Generationenkonflikt, in der Politik trennt er konservative von progressiven Parteien, Religionen und Ideologien spaltet er in Traditionalisten und Reformatoren. Die Sozialwissenschaft verallgemeinert die Polarität zu dem Begriffspaar Kohärenz und Innovativität.

Ein soziales System ist umso kohärenter, je besser die Akteure aufeinander abgestimmt sind. Das geschieht in der Regel mittels anerzogener und durch Gewohnheiten fixierter Verhaltensweise und Werten. Mit der Kohärenz, dem Zusammenhalt einer Gesellschaft, entstehen Identifikationen und Bindungen, aber auch gemeinsame Feindbilder und Aggressionen.

Je geschlossener die „Kultur" eines Systems nun sein will, umso mehr koordiniertes Handeln und Fühlen ist nötig.

Je stärker wiederum der persönliche Glaube an die eigene Kultur, umso stärker ist jemand motiviert, für die Gesellschaft, in der er lebt, aktiv zu werden. In welche Richtung dieses Handeln geht, ob es die beharrenden Kräfte unterstützt, oder ob es Neues wagt, ist damit noch nicht gesagt.

Eine Gesellschaft, die Neuerungen positiv gegenübersteht, schafft es, aus sich selbst heraus Ansätze zur Problemlösung hervorzubringen. Da es jedoch niemandem möglich ist, vorher zu wissen, wie erfolgreich die einzelnen Ansätze sind, weil auch konkurrierende Systeme darauf reagieren, ist das ein Risiko. Doch je mehr Neues probiert wird, umso größer ist die Trefferquote.

Das Neue steht aber auch im Gegensatz zur Kohärenz. Jede Veränderung in einer Gesellschaft verringert zwangsläufig die alten Identifikationsmuster. Diese komplizierten, miteinander im Widerstreit stehenden Kräfte machen den daraus entstehenden „Wackelkurs" jeder Gesellschaft so undurchsichtig und unvorhersehbar.

Die Gesetze des Wachstums

Wachstum ist der Gott der modernen Gesellschaft. Oder der Götze. Doch alles Wachstum, auch das kultureller und gesellschaftlicher Natur, ist naturhaften Gesetzmäßigkeiten unterworfen. Die Wachstumstendenzen umfassen alle wesentlichen Aspekte einer Gesellschaft: die Bevölkerung, die Güterproduktion, die Kultur, die Organisation, die Herrschaft über den Einfluß auf andere Sozietäten.

Die Triebkräfte der Wachstumstendenzen sind biologische Natur:

- Sexualität und Kleingruppenbindung
- Selbstbehauptung und Sicherheitsstreben
- Revierverhalten und Besitztrieb
- Tätigkeitslust und Neugier
- sozialer Identifikationsbedarf

Beim Einzelnen sind diese Antriebe ständig wirksam. Erst natürliche Grenzen wie Krankheit, Schwäche, Tod mindern sie oder lassen sie ganz verschwinden.

Soziale Systeme akkumulieren die Ergebnisse dieser Wachstumsantriebe. Ohne Bremsung verläuft Wachstum immer exponentiell.

Die Verdoppelungszeit des akkumulierten Wissenschaftswissens etwa lag in den vergangenen hundert Jahren bei 20 Jahren. Das entspricht, wohl nicht zufällig, in etwa dem Wirtschaftswachstum einer fortgeschrittenen Gesellschaft, nämlich 3,5 Prozent jährlich.

Das Wachstum stoppt erst, wenn es an eine natürliche Grenze stößt oder ein kontraproduktiver Regelprozeß stark genug geworden ist. Es kommt dabei selten zum langsamen Auslaufen, sondern eher zum Zusammenbruch. Schon deshalb, weil fast jedes System bemüht ist, sein Wachstum möglichst lange aufrecht zu erhalten. Wenigste soziale Systeme sind vorausschauend und opferbereit genug, durch rechtzeitiges Sich-Zurücknehmen Regelungsprozesse sanft verlaufen zu lassen und sie „bewußt“ zu steuern.

Die sanfte Regulation setzt einen Wertekonsens voraus – und verlangt nach einem gemeinsamen Verständnis der Regelungsprozesse.

Man könnte diese mit den Begriffen Naturregelung, Fremdregelung und Selbstregelung charakterisieren. Von außen erzwungene Maßnahmen (Naturregelung und Fremdregelung) sind vorwiegend hart, also mit Leiden für die Menschen verbunden. Selbstregelung zielt auf sanfte Methoden, da sie von innen kommt und von den Mitgliedern der Gesellschaft mehr oder weniger willig getragen wird.

Alle Wachstumsregelungen kosten Opfer. Und es wird umso mehr an Blut und Tränen, Geld und Gut gezahlt, je weniger intelligent und je später das soziale System reagiert. Kluge Selbstregelungen sind am billigsten.

Das gilt auch für den einzelnen Menschen. Das Ende der Jugend, der Abschluß der Ausbildung, das Sich-Festlegen in Beruf und Ehe, das Ende der Gebärfähigkeit, der Karriere, der Übergang in den Ruhestand – alle diese Wachstumsregelungen bedeuten Streß, können in Depression umschlagen, wenn sie nicht abgefedert werden. In der Gesellschaft vervielfacht sich das Problem.

Unterdrückt ein System seine Wachstumstendenzen, leidet jeder einzelne darunter. Wachstumstendenzen sind lustbestärkt. Bloße moralische Appelle kommen dagegen kaum auf.

Gesellschaften waren bisher so formiert, daß Wachstum ermutigt wurde. Eine Regelung von innen war nicht nötig gewesen. Eine konsensuale Selbstbeschränkung ist eine moderne Herausforderung.

Eine intelligente Selbstregelung kommt nur zustande, wenn der Verzicht für eine große Mehrheit akzeptabel ist und die Rebellion dagegen oder das Schmarotzertum sich nicht auszahlen.

Wenn wir uns das Bevölkerungswachstum in modernen Sozialstaaten anschauen, sind offenbar beide Bedingungen erfüllt. Alle modernen Gesellschaften haben ihre Geburtenraten drastisch verringert – und zwar ohne Zwang, systemisch, nicht politisch.

Effiziente „sanfte“ Wachstumsregelungen in anderen Bereichen kennen wir meist nur von kleineren sozialen Systemen mit starken Gemeinschaftsnormen oder von elitären Gruppierungen.

Wie hart ist „harte Regulation“?

Historische und prähistorische Gesellschaften interpretierten Naturregulationen meist als „Strafe Gottes“ und Fremdregulation als „Sieg des Bösen“. Unangenehmes konnte so psychisch besser verarbeitet werden. Aufklärung und Wissenschaft haben den Umgang damit versachlicht.

Trotzdem stellt sich die Frage, ob die Menschheit heute in der Lage ist, rechtzeitig auf eine sanfte Wachstumsregulation durch Selbststeuerung einzuschwenken. Rechtzeitig würde in diesem Fall bedeuten, daß die sanfte Regulation den Wettlauf mit den Wachstumstendenzen gewinnt, bevor die harte Regulation die gesamte Menschheit zerstört.

Harte Regulation kann sehr hart sein. Sozietäten können dabei ihr Ende finden. Den Wikingersiedlungen in Grönland, die um 1200 unserer Zeitrechnung verschwanden, wurde eine klimatische Abkühlung zum Verhängnis. Sie lösten sich in anderen Kulturen auf.

An der Eroberung Amerikas durch die Europäer fällt auf, daß nur die am höchsten entwickelten Zivilisationen ausstarben: zugrunde gingen die Anden-Hochkulturen, nicht die voragrarischen Urwald- und Arktisbewohner.

Auch dramatische, selbstgewollte Veränderungen wie Revolutionen können das Wesen einer Gesellschaft so destruktiv verändern, daß man sie zur „harten" Regulation zählen kann.

Die Revolution ist dennoch das häufigste „harte" Regulativ an den Grenzen des Wachstums. Die großen Umbrüche der Zivilisationen am Limit einer imponierenden Wachstumsperiode waren solche Regulationen, aus denen sich dann allerdings neue Kulturen entwickeln konnten.

Die europäische Geschichte kann als eine Folge solcher Umbrüche skizziert werden. Das römische Imperium ging in der ökologischen und demographischen „Implosion" der Völkerwanderung unter; die aus den Ruinen langsam heranwachsende christlich-mittelalterliche Kultur wurde zum Kern der europäischen Zivilisation. Byzanz brach nach einer Blütezeit des Wachstums später und langsamer in sich zusammen und wurde von Arabern und Türken erobert. Daraus ging eine islamische Kultur hervor, die am Höhepunkt ihres Wachstums die europäische Zivilisation übertraf. Das Wachstum der europäischen Kultur stieß an die harten Regulatoren der großen Pest und des Dreißigjährigen Krieges; auch danach beschleunigte sich das Wachstum enorm.

Soziale Systeme sind aber auch lernfähig. Unter „Leidensdruck" passen sie sich an. Zu Selbstregulation gelangt eine Sozietät, wenn ein wesentlicher Teil der Menschen daran interessiert ist. Das ist der Fall, wo der Schaden der harten Regulation Personen im Sichtkreis der eigenen Interessen bedroht. Dann sind Menschen bereit, eigene Wünsche und Antriebe zurückzuhalten und auch bei anderen auf Opfer zu drängen. Das setzt Lernen voraus; die längerfristige Bedrohung und die Möglichkeiten kollektiven Handelns zu deren Vermeidung müssen erst erkannt werden. Je mehr man dabei von anderen verlangen muß, um so schwieriger wird die Durchsetzung einer sanften Regulation. Sie bedarf dann der gezielten Politik.

In Notzeiten zum Beispiel werden weniger Familien gegründet und weniger Kinder geboren. Die Menschen haben weniger Mut und Kraft zur Expansion.

In lawinengefährdeten Gebieten entstehen selbst dort Bannwälder, wo die Waldnutzung sonst bis an die Grenzen der Ressourcenausschöpfung getrieben wird.

Um die Ertragssubstanz zu erhalten, beschränkte sich in vielen Kulturen die Landwirtschaft, etwa durch Verzicht auf die Kalkdüngung, was in dem weisen Sprichwort: „Kalk macht reiche Väter und arme Söhne" zum Ausdruck kommt.

Am häufigsten beziehen sich sanfte Regulationen auf Wachstumsbeschränkungen, die der Erhaltung und Stärkung des sozialen Systems als Ganzes dienen – also nicht individuelle, sondern gesellschaftliche Interessen berühren. Die Mitglieder der Gesellschaft müssen dann Verzicht üben, um ihren Nachkommen das Leben zu erleichtern.

Wie geht das vor sich, daß eine Gesellschaft so etwas auf sich nimmt?

Nehmen wir das Problem Umweltverschmutzung. Alle Religionen predigen die Achtung des Naturzustandes. Der Technologieschub der Neuzeit überholte jedoch die ethischen Postulate der Genügsamkeit. Erst als die Klimakatastrophe durch den „Treibhauseffekt" in aller Munde war, entstanden politische Grünbewegungen. Sie mobilisierten Bürgerinitiativen und Wähler. Kontrollinstanzen – Umweltverträglichkeitsprüfungen, Öko-Audits, Institute – wurden entwickelt.

Doch die etablierten Parteien nahmen das Thema rasch auf. Umweltschutz und Gesetzesvollzug wurde den Magistraten überantwortet. Zu „sanfte" Gesetze, kritisieren die Grünbewegten. Sie würden nicht ausreichen, die „harte Regulation" durch die Natur zu verhindern. Es könnte sein, daß die CO_2-Reduktion, die derzeit weltweit angestrebt wird, nicht genügt, um den Treibhauseffekt zu verhindern. Aber wie stark er sein wird, weiß niemand genau. Das gilt für viele andere ökologische Drohungen. Doch auch unzureichende Maßnahmen haben einen großen Vorteil: sie sind durchsetzbar, sie werden in breitem gesellschaftlichen Konsens akzeptiert – mit Zähneknirschen von der Glaubensgemeinschaft der Industrialisierung, mit Stirnrunzeln von der Glaubensgemeinschaft der Grünen.

So wächst die Chance zur Anpassung. Es gibt noch ein Beispiel, das Mut macht: die Friedenssicherung.

Der Traum vom „ewigen Frieden" ist uralt. Jedes Staatswesen, jede Herrschaft gründet darauf. Durch die Geschichte der Zivilisation zieht sich die Bereitschaft der Menschen, einen sehr hohen Preis für den Frieden zu bezahlen, sich jeder noch halbwegs erträglichen Schutzherrschaft zu unterwerfen. Denn der Krieg ist noch ärger. Es war vernünftig, lieber Tribut zu zahlen, als die eigenen Söhne an die Front zu schicken. Denn nach den Gesetzmäßigkeiten der sozialen Systeme wird jede Sozietät, die nicht genügend wehrhaft ist, früher oder später Beute der aggressiven Wachstumstendenzen des Nachbarn. So hat Geschichte bisher funktioniert. Und jene Gesellschaften, deren Schutzapparate am höchsten entwickelt waren, eroberten die Nachbarn, beuteten sie aus, boten ihnen aber auch wiederum Schutzherrschaft. So wuchsen große Reiche heran. Daß die Machthabenden das mit leeren Phrasen beschönigten, gehörte dazu.

Oder ist es noch immer so? Was steckt in dem Mechanismus der Wechselwirkung von Unterwerfung und Frieden? Was wäre die sanfte Regulation, die Krieg und Unterwerfung zugleich vermeidet?

Es gibt die Theorie des „demokratischen" Friedens. Demnach ist eine Gesellschaft umso demokratischer, je friedlicher sie innere Konflikte austrägt, ohne sie zu unterdrücken. Reife Demokratien führen keine Kriege, sondern regeln ihre Konflikte demokratisch. Der Dritte Weltkrieg hat tatsächlich nicht stattgefunden. Und es deutet auch in Zukunft nichts darauf hin.

Die Großmacht USA setzte ihr ungeheures Kriegspotential nie voll ein und war selbst in ihren Drohungen zurückhaltend. Die Großmacht Sowjetunion gab den Rüstungswettlauf auf. Die Demokratie als Staatsform hat sich durchgesetzt.

Warum ist Krieg heute, auch vor der internationalen Staatengemeinschaft, kein legitimes Mittel mehr? Am Anfang stand der Schock von Auschwitz und Hiroshima, die Erkenntnis, daß Propaganda- und Waffentechnik die Grenze zur Totalzerstörung überschritten haben. Und die ganze Welt sah das.

Die Suche nach Mitteln der sanften Regulation war schwierig. Der traditionelle Mechanismus, das Wettrüsten funktionierte zwar, wurde aber so teuer, daß es allmählich einer „harten" Regulation nahekam. Außerdem half es nur schlecht gegen Stellvertreterkriege. Und die neuen transnationalen Organisationen der Vereinten Nationen brauchten Zeit, sich zu entwickeln.

Ihre Wirksamkeit hängt vom Grad der Demokratie ab. Das neue Europa stimmt optimistisch. Ein Krieg zwischen Deutschland und Frankreich ist undenkbar geworden, obwohl die Frontkämpfer des letzten Krieges noch leben.

Die Friedensbewegung der letzten Jahrzehnte, ursprünglich ein kümmerliches Ideen-Pflänzchen aus wohlsituierten Kreisen des 19. Jahrhunderts, hat dafür den Boden der Gesellschaft kräftig umgepflügt.

Nach dem Sieg des demokratischen Friedens im Jahr 1989 erlebten wir das mühsame Ringen um Anpassung. „Machbar" ist ein solch gigantischer historischer Prozeß nicht, bedingt er doch das „Mitmachen" von Millionen. Solche Regulationen gelingen nur über den mühsamen Vorgang der Meinungsbildung und Normensetzung. Ein solcher Prozeß läßt sich in großer Vereinfachung als ein Nacheinander und Nebeneinander von mehreren Teilprozessen verstehen:

1. Erkenntnis der Gefährdung durch das Wachstum (Bedrohung durch die „harte Regulation") und Abschätzung des Risikos (kognitiver Prozeß);

2. Erfindung und Entwicklung von Verfahren der „sanften Regulation" mit Minimierung von Leiden und Interessenskonflikten (innovativer Prozeß);

3. Etablierung und Stabilisierung der neuen Regeln in verträglichem Tempo und breitem Konsens (normativer Prozeß);

4. Anpassung der Regulation an die Veränderungen im Milieu und im System selbst (adaptiver Prozeß).

Im wesentlichen hängt der Erfolg davon ab, ob Wachstum gestoppt und Leiden vermieden wird. Das Optimum wird erzielt, wenn dauerhafte Stabilität auf dem höchstmöglichen Wohlstandsniveau gelingt.

Dazu ein paar weitere drastische Beispiele des prekären Gleichgewichts zwischen „harter" und „sanfter" Regulation:

- Hygiene der antiken Städte: Gegen die Geißel von Hungersnot und Seuchen wurden Armenküchen, Aquädukte und Abfallentsorgung entwickelt; die Eliten schützten sich durch Absonderung. Das System stabilisierte sich durch Geburtenbeschränkung.
- Hygiene der Moderne: Die medizinischen Entdeckungen führten zur Bekämpfung von Infektionskrankheiten und Säuglingssterblichkeit durch eine breite Palette von Hygienemaßnahmen und förderten so das Bevölkerungswachstum. Durch die längere Lebenserwartung waren weniger Kinder aber vorteilhafter. Die Bevölkerungsdichte hat sich auf hohem Niveau stabilisiert. Die anderen Wachstumsimpulse werden davon nicht gebremst.

Der kritische Faktor: Reflektivität

Aus der Beziehung zwischen Wachstum und Regulationen läßt sich ein Modell des historischen Entwicklungsprozesses ableiten, in dem große Kräfte ineinander greifen:

- die Innovations-Schübe der kulturellen Evolution,
- die Wachstumsimpulse des sozialen Systems,

- Realität und Drohung der externen (harten) Regulation,
- die „Reflektivität" des sozialen Systems,
- die Effizienz der internen (weichen) Regulation.

Unter Reflektivität sind alle Kapazitäten zur Selbststeuerung zusammengefaßt, die in einer Gesellschaft vorhanden sind. Je höher diese Reflektivität entwickelt ist, um so erfolgreicher wird die Gesellschaft sanfte Wachstumsregulation hervorbringen. Reflektivität erfordert die denkende Beteiligung aller Mitglieder am Schicksal des Gesamtsystems.

Instrumente der Reflektivität sind in Demokratie und Bürgerbeteiligung zu sehen, in Rechtsstaatlichkeit und Bildungsniveau, in der Gewichtigkeit gesellschaftlicher Werte und der Rationalität des öffentlichen Diskurses.

Die Idee einer kulturellen Evolution zu höheren Formen der Rationalität ist nicht neu. In sehr treffender Weise hat etwa Norbert Elias (1988) von der „Verlagerung des Fremdzwangs zum Selbstzwang" als Kern der Kulturentwicklung gesprochen.

Die Selektion sorgt dafür, daß nur solche Systeme überleben, die ihre Wachstumsimpulse durch ein genügendes Maß an Reflektivität in den Griff bekommen. Das muß nicht immer eine Fixierung der Größen bedeuten, es kann auch Schwankungen geben. Doch eine Gesellschaft, die ständig in harte Regulationen hineinläuft, wird jenen Gesellschaften unterliegen, die ihre materiellen Ressourcen und psychischen Energien für Innovationen nutzt.

Plateaus und Schübe

Auf einem stabilen Plateau einer etablierten Zivilisationsstufe kann eine Gesellschaft mit angepaßter Kultur und sanfter Wachstumsregulation lange existieren. Wenn kein Innovationsschub das Gleichgewicht umwirft oder ein moderneres System in den Lebensraum eindringt und zur Auseinandersetzung herausfordert, ist – nach bisheriger Erfahrung – die Fortdauer in historischen Zeiträumen nicht begrenzt.

- Bis in die Neuzeit überlebten Steinzeitkulturen von Sammlern und Jägern in Australien, Neuseeland, Südafrika, Südamerika und in der Arktis sogar unter extremen Lebensverhältnissen.

• Über Jahrtausende hindurch und bis heute gibt es Agrarkulturen mit relativ sanfter Regulation in den Peripherien Ostasiens, Nordeuropas und Äthiopiens, in Tibet, bei den Lappen, im abessinischen Hochland.

Welche könnten jedoch die systeminternen Triebkräfte für innovative Denkmuster, für bisher nicht verfügbare Einsichten und Erkenntnismethoden sein? Und wie entwickeln sich aus bloßen Anpassungen so umfassende Innovationen, daß ein gewaltiger Evolutionsschub freigesetzt wird? Vielleicht hilft uns die Geschichte weiter:

• Einer der großen Innovationsschübe war der Übergang zur Landwirtschaft. Er trug sich, nach heutigem Wissen, dreimal zu: zuerst im südlichen Ostasien (Reiskultur), Jahrtausende später im Nahen Osten (Getreidekultur), und wieder stark verzögert in der warmen Zone Amerikas (Maiskultur).

• Der Kenntnisstand über nutzbare Pflanzen und Tiere war schon in den Sammler- und Jägergesellschaften sehr hoch. Aber erst der Klimadruck zum Ende der Nacheiszeit drängte hochentwickelte Wildbeutergesellschaften dazu, „im Schweiße ihres Angesichts" Landwirtschaft zu betreiben. Die neue Technologie breitete sich aus, weil sie größeres Bevölkerungswachstum nährte und die Agrarkulturen im Konkurrenzkampf potenter machte. Das Wachstum stieß nach wenigen Jahrhunderten durch Bodenerschöpfung, Verkarstung und Wüstenbildung an die harte Regulierung. Gleichzeitig setzten sich religiös fundierte Normen für eine sanfte Regulation zur nachhaltigen Bewirtschaftung durch.

In der Zusammenschau ergibt sich ein Phasenmodell der kulturellen Evolution, das in starker Vereinfachung folgenden Zyklus ergibt:

Innovationsschub – Wachstum – Druck der Grenzsituation (Einsetzen der harten Regelung) – akute Reflexion – Entwicklung weicher Regulation – Stabilität (Wachstumsplateau) – Wissensakkumulation (Zunahme latenter Reflektivität) – Fixierung der Stabilität – Streß und Evolutionsdruck – nächster Innovationsschub.

Die Evolution geht dabei zu größerer Komplexität der sozialen Systeme und zu längeren zeitlichen Regulationshorizonten. Dieses Modell gilt für alle Subsysteme, also auch für Clans, Wirtschaftsunternehmen und Institutionen.

Ein Modell der Zivilisation

Die Gemeinschaften vor Beginn der agrarischen Innovation waren kleine Stammeskulturen wie sie noch in Neuguinea oder im Amazonas-Urwald existieren. Ihre Wachstumsregulationen waren in sakrosankten kultischen Normen fixiert, deren Übertretung mit Tabus belegt war. Die neuere Forschung geht davon aus, daß diese Tabus durchaus einen realistischen Kern besaßen, daß sie aus dem Wissen der Ahnen stammten. Noch vor kurzem wurde das von der dominanten europäischen Kultur als „Aberglaube" abgetan.

Die Reflektivität dieser Gesellschaften ging aber nicht völlig in der magischen Normenfixierung auf. Medizinmänner und Schamanen wußten vermutlich um Gefahrenzusammenhänge Bescheid und waren zu Normenänderungen fähig. Diese Kulturen hätten anders nicht so lang überleben können. Die Dauerhaftigkeit ihrer „Plateaus" beeindruckt. Allerdings bewundern wir die Erfolgreichen. Die verschwundenen Kulturen sind uns nicht bekannt.

Der Innovationsschub zur Landwirtschaft wurde durch eine Klimaschwankung ausgelöst und dauerte im Westen etwa von 6000 bis ins zweite Jahrtausend vor der Zeitrechnung. Nach einer Ausbreitungsphase von etwa 2000 Jahren wirkten die Technologien und führten zu einem Bevölkerungswachstum, das in den für den Landbau geeigneten gemäßigten Zonen die Menschenzahl um eine Zehnerpotenz vermehrte und die Bildung von Städten und Staaten erlaubte.

Nachhaltige Bewirtschaftung und Wachstumsgrenzen entwickelten sich, nach schweren Verlusten an kultivierbarem Land, im Verlauf von Jahrhunderten. Ein langfristiges Stabilitätsniveau im Bevölkerungswachstum und in der Produktionsausweitung wurde fast nie erreicht. Dazu gab es zu viele Möglichkeiten, die agrarische Produktion in neue Gebiete zu tragen oder zu intensivieren. Durch die neuen Techniken steigerte sich auch der Konkurrenzkampf. Es war möglich geworden, durch Eroberung und Ausbeutung das eigene Wachstum länger durchzuhalten.

Die kulturelle Selbsteinsicht setzte nur langsam Regeln der Wachstumsbeschränkung durch, meist über Religionen mit Priesterschaften.

Es gab harte Regulation durch Hungersnöte und Seuchen. Die sanfte Regulation betraf vor allem die Eliten und Begünstigten, die aus direktem Interesse ihre Nachkommenschaft konstant hielten, nicht aber ihre Ansprüche.

Der nächste Innovationsschub ging vom Adel und den städtischen Eliten aus, die Interesse an größerer Lebensqualität hatten. Neue Techniken waren das Schrifttum (die Buchstabenschrift wurde um 1700 vor der Zeitrechnung in Palästina „erfunden"), die Wissenssammlung in Bibliotheken, planendes Regieren mit Beamten und Klerikern, Verwaltung und Philosophie.

Zum ersten Mal installierten soziale Systeme das gezielte Forschen und Lernen. In dieser Phase wurden planende Überlegungen über die Zukunft die Regel – allerdings nur für eine schmale Schicht.

Der Innovationsschub in den Wissenschaften erfolgte in den Hochkulturen von der Antike bis ins europäische Mittelalter – schon nicht mehr völlig getrennt von den großen Kulturräumen in Europa, Afrika und Asien.

Der Wachstumsschub dieser Epoche war wiederum gewaltig. Mit den Imperien entstanden große soziale Systeme und Bevölkerungsballungen in den Zentren. Die Geschichte rühmt die militärischen Großveranstaltungen und bis heute imponieren die Großbauten dieser mehr als zwei Jahrtausende dauernden Kulturphase. Sie dienten fast ausschließlich den Wachstumsimpulsen von Eliten, deren Ansprüche in dieser Expansionsperiode zu einem Luxus- und Prestigekonsum riesigen Ausmaßes führte.

Allerdings verstanden sich die Eliten dieser Zeit, die die Pyramiden Ägyptens, die Thermen und Paläste Roms, die Kaiserstadt in China, die gotischen Dome und das Schloß von Versailles hervorgebracht hatten, auf Symbolik und die Sprache der Kunst in so hohem Maß, daß wir heute noch gebannt davor stehen.

Es spricht für die soziale Wirkung dieser „Sprache der Steine“, daß eine sehr bescheiden lebende Bevölkerung bis zur Hälfte des erwirtschafteten Regionalprodukts dafür opferte. Man war stolz auf die Signale der kollektiven Stärke, auf die Wahrzeichen der eigenen Kultur. Der Gewinn für die Gesellschaft lag in den Identifikationsmöglichkeiten und im Leistungsstolz – in den wesentlichsten Eigenschaften für die Modernisierung.

Auch die Selbsteinsicht nahm zu. Es gab religiös dominierte Warnungen vor der Hybris, die Predigt der Selbstbeschränkung wurde zum festen Bestandteil der Riten und der Philosophie.

Es gab einige Stabilitäts-Plateaus, die freilich nie länger als zweihundert Jahre dauerten: die guten Jahre der römischen Kaiserzeit, periodenweise Byzanz, das Bagdad der Kalifen, das Maurenreich in Nordafrika und Südspanien, das europäische Hochmittelalter vor der Großen Pest. Auch im chinesischen und indischen Kulturraum erzielten kleinere Fürstentümer ähnliche Erfolge.

Das Bevölkerungswachstum wurde durch Verbote bestimmter sozialer Gruppen gebremst: Das Zölibat des Klerus und der Mönche, das Eheverbot für Sklaven und Knechte ohne Hof zielten darauf, die Bevölkerung nicht über die Zahl der Verdienstmöglichkeiten hinaus wachsen zu lassen. Mit weniger Erfolg predigten alle großen Religionen Bescheidenheit und Demut gegen die Unersättlichkeit des Besitz- und Machtstrebens.

Man könnte meinen, daß diese zweitausend Jahre zu kurz waren, um auf ein länger währendes Plateau sanfter Regulation zu gelangen. Eine allmähliche Verbesserung zeichnete sich zweifellos ab. Doch der nächste Schub kam, bevor der vorangegangene Zyklus noch ganz durchlaufen war: die Autonomie des urbanen Bürgertums und der Protest des Protestantismus signalisierten den Beginn der europäischen „Modernisierung“ der Neuzeit, mit neuen Techniken, Entdeckungen und Erfindungen.

Diese Modernisierung versprach – das erste Mal in der Geschichte der Reflektivität – schon im Diesseits Glück und Wohlstand für alle. Auch sonst berührte der Innovationsschub die Mechanismen der sanften Regulation wie das nie zuvor geschehen war. Die Reflektivität nahm immer mehr rationalen Charakter an. Die Europäer besiedelten Amerika und gründeten rund um die Erde Kolonien – alles unter der Flagge der Marktwirtschaft und später der Demokratie, also rechenhafter Ordnungen. Die religiös kultischen Normen traten in den Hintergrund. Alle diese neuen rationalistischen Selbstregelungsmechanismen bedurften der Information. Und das wissenschaftliche Denken akkumulierte in eigener Sache ebenfalls Wissen und Daten. So kam es zum ersten Mal auch zu einem rapiden Wachstum der Information.

Die kulturelle Reflexion, nun schon bewußt, wurde planerisch und statistisch. Die semirationale Mystik der Vorfahren und der göttlichen Gebote wurde verdrängt durch die rationale Mystik des Glaubens an die Machbarkeit der Gesellschaft.

Es wäre zu erwarten, daß ein Mehr an Rationalität und Information die Reflektivität verbessert. Doch der Innovationsschub drängte die sozialen Systeme in eine andere, bis heute sehr gefährliche Richtung. Der europäische Kulturraum zerfiel in selbstzentrierte Nationalstaaten. Die Kolonialisierung und die Dominanz der damaligen Gesellschaften zerstörten und zertrennten auch die übrigen großen Kulturräume. Das setzte sich auch noch innerhalb der stark auf Einheitlichkeit angelegten Nationalstaaten fort. Krisenhaft zeigte sich das im Klassenkampf und in der Verfolgung von Minderheiten. Doch dahinter stand eine längerfristig wirksame Aufspaltung der modernen Gesellschaften in eine zunehmende Zahl von Subkulturen und Lifestyles – die Soziologie diagnostiziert das neuerdings als Hyperdifferenzierung.

Das widerspricht der Modell-Annahme, daß die kulturelle Evolution zur steten Vergrößerung der sozialen Systeme, bis hin zur Weltgesellschaft der gesamten Menschheit, führen müsse. Tatsächlich laufen diese beiden entgegengesetzten Vorgänge, die Hyperdifferenzierung und die Globalisierung der sozialen Systeme, nun seit dem Beginn der Neuzeit parallel.

So widersprüchlich ist auch das Bild der Wachstumsregulation in der modernen Gesellschaft. Es gab eine Reihe von Ansätzen zur sanften Regulation. Die Normen einer langen und aufwendigen Ausbildung der Kinder unterstützten eine Einschränkung der Kinderzahl. Die höheren Ansprüche in wohlhabenden Gesellschaften wirkten der Gebärfreudigkeit entgegen. Es entwickelten sich auch immer wieder Normen der Bescheidenheit und der freiwilligen Konsum-Begrenzung. (Als Beispiele könnte man etwa die Quäker oder die sozialistische Ethik nennen.)

Bestimmend für die Epoche wurden solche Ansätze freilich nie. Der harten Regulation suchte man vielmehr durch weitere Innovationen zu entgehen: dem Hunger durch Steigerung der landwirtschaftlichen Produktion unter gesteigertem Einsatz von Ressourcen und Energie, den Seuchen durch Hygiene und Medizin, dem Krieg durch Konventionen und abschreckende Aufrüstung. Um ein Motiv für diese Anstrengungen zu schaffen, wurde ein neuer Kult erfunden: die Wachstumsgläubigkeit. Der Wettlauf der nationalen Gemeinschaften nahm religiösen Charakter an: der Sieger sollte dann die Weltgesellschaft ordnen und sich um die Regulation kümmern. Bis zum Beginn des zwanzigsten Jahrhunderts glaubte man, der Sieg stünde unmittelbar bevor – „la grande nation", das „Tausendjährige Reich", das „Land der unbegrenzten Möglichkeiten" lösten einander in diesem chiliastischen Glauben ab.

Wenn die vorliegenden Modellannahmen gelten, so konnte das nur in die harte Regulation münden. So war es auch. Die sanften Regulationen kamen nicht rasch genug. Weder der Wiener Kongreß noch der Völkerbund konnten verhindern, daß immer noch Kriege geführt wurden. Hunger und Krankheit betrafen, in Verbindung mit Kriegen und Zusammenbrüchen, immer mehr Menschen. Die optimistischen Erwartungen der Aufklärung und des Fortschrittsoptimismus waren in der ersten Hälfte des zwanzigsten Jahrhunderts an ihr Ende gekommen.

Die modische Begleitmusik lautet, daß das Projekt der Moderne gescheitert sei. Sie übertönt, daß auch die Reflektivität der sich anbahnenden Weltgesellschaft zugenommen hat und daß es beeindruckende Entwicklungen in der sanften Wachstumsregulation gegeben hat. Sie waren nur nicht gut genug, die entfesselten Wachstumsimpulse dieser Epoche zu kompensieren.

Inzwischen ist eine neue Phase angebrochen, die einen Innovationsschub und neue Formen der Reflektivität verspricht.

7. Weltgesellschaft

Die neue Phase ist durch eine rapide Entwicklung technischer Innovationen gekennzeichnet, die endgültig auf das soziale System Weltgesellschaft angelegt sind:

- Die Verkehrsmittel Automobil, Flugzeug, Motorschiff und Hochgeschwindigkeitsbahn, die Kommunikationsmittel Telefon und Funk lösen die lokale Geschlossenheit der Kontaktnetze auf und führen zu Weltwirtschaft und Weltpolitik.
- Die Computertechnik beschleunigt das Informationswachstum exponentiell und schafft durch die Automation der Routinearbeiten mehr Freizeit. Die Unterhaltungsindustrie und Konsumgüterproduktion füllen diese Freizeit mit Wachstumsprodukten einer Weltkultur.
- Supermedizin, Biotechnologie, Gentechnik und Psychotherapie versprechen dem „Freizeitmenschen" ein langes Leben und ein selbstgestaltetes Innenleben.
- Neue Energietechniken, die atomare Kernspaltung, mit der Erwartung, diese noch mit der Kernfusion zu überbieten, versprechen ein Maß an Komfort und Verfügbarkeit über Maschinenkraft, wie sie in den früheren Perioden nur eine winzige Elite zur Verfügung hatte. Gleichzeitig erzwingen diese Techniken aber auch eine weltweite Vernetzung von Energietransport.

Tatsächlich bewirkt dieser Innovationsschub die Etablierung einer Weltgesellschaft. Heute ist das deutlicher sichtbar als in den ersten, hilflosen Versuchen eines Völkerbundes, den Zweiten Weltkrieg zu verhindern. Starke Signale einer gewaltigen sozialen Innovation in dieser Richtung sind der „friedliche Wirtschaftskrieg" zwischen den großen Kulturräumen, die Implosion des Kommunismus , das Entstehen eines „Imperiums" ohne Eroberungsgelüste im freiwilligen Zusammenschluß der Europäischen Union.

Die Bildung einer Weltgesellschaft wirft allerdings einige schwerwiegende Fragen auf:

• Wenn harte Regulation die Gefahr beinhaltet, daß ein soziales System daran zugrunde geht, was würde das regulative Ende dieses Weltsystems bedeuten – das Aussterben der Spezies oder nur die Reduktion zu einer Vielzahl von weniger komplexen sozialen Systemen – ähnlich der Implosion der römischen Antike ins frühe feudale Mittelalter?

• Wenn das Weltsystem die harte Regulation „überlebt", wie erfolgte – ohne Konkurrenz – dann die weitere kulturelle Evolution? Werden Subsysteme frei genug sein, um im Wettbewerb neue Entwicklungspfade zu erproben? Oder muß sich die kulturelle Evolution auf den internen Wettbewerb in der Weltgesellschaft konzentrieren, etwa auf die Konkurrenz von Ideengemeinschaften religiöser, politischer und philosophischer Natur? Oder kann die Menschheit, mit sanfter Regulation, auf ein über Jahrtausende dauerndes Plateau eines stabilen Gleichgewichts hoffen, ihrem Traum vom verlorenen Paradies am ehesten entsprechend?

• Wie aber soll das neue Weltsystem sanfte Regulation hervorbringen, wenn die Wachstumsimpulse auf der Weltebene wirken, die Regulationen aber noch vorwiegend an die Nationalstaaten oder bestenfalls an Kulturräume gebunden sind?

• Reicht die Reflektivität der Weltgesellschaft aus, rechtzeitig sanfte Regulationen hervorzubringen? Und was ist „rechtzeitig" – vor oder nach der großen atomaren Kontamination, vor oder nach einer Periode von Kriminalität und Terrorismus, vor oder nach einer Senkung der Lebenserwartung durch drastische verschlechterte Umweltbedingungen, vor oder nach der Massenwanderung infolge einer Klimaverschiebung, vor oder nach dem Massenselbstmord aus Depression?

Wir wissen es nicht. Wir können es nicht wissen, weil es dem Naturgesetz der kulturellen Evolution entspricht, daß man den besten Entwicklungspfad nicht mit Sicherheit kennt, da ihn sonst alle einschlagen würden, was wiederum den Innovationspfad verhindern würde. Kurz: Wir beeinflussen durch unser Tun in unbekannter Weise die Evolution des sozialen Systems.

Doch es gibt eine Art zu beeinflussen, die auf jeden Fall die Wahrscheinlichkeit sanfter Regulation erhöht: das ist die Verbesserung der Reflektivität des globalen sozialen Systems.

Evolution und Politik

Die Regeln dafür sind längst schon politische Lippenbekenntnisse: Bildungsexpansion, Forschungsinitiativen, Meinungsfreiheit und Toleranz, Informationsgesellschaft und Aufklärung. Doch gut Ding braucht Weile, Politik braucht lange Weile – nicht nur den schnellen Trost.

Gesellschaftliche Prozesse haben eine politische Dimension. Einige Überlegungen zum Zusammenhang zwischen Wachstum, Regulation und kulturelle Evolution scheinen daher angebracht.

Nach dem furchtbaren Mißbrauch biologischer Evolutionstheorie durch Rassismus, Nationalismus und Faschismus waren evolutionäre Theorien aus dem politischen Denken weitgehend verbannt. Die ausschließliche Interpretation von Politik als bewußte Planung und Gestaltung in den linken Ideologien hat nun aber auch Schiffbruch erlitten. Das systemtheoretische Denken der Computergesellschaft bestärkt den Mut zu komplexeren Modellen, die auch neueren Evolutions-Paradigmen Raum geben.

Die evolutionäre Psychologic hat gezeigt, daß sich die menschliche Wahrnehmung und das davon abgeleitete Funktionieren des Gehirns genetisch aus den Anforderungen des Sammler- und Jägerdaseins über hunderttausende von Generationen entwickelt hat. Die menschliche „Geschichte“ von der jungsteinzeitlichen Erfindung der Landwirtschaft bis heute war zu kurz und zu wechselhaft, als daß sich genetische Anpassungen durch Selektion hätten durchsetzen können. Die Bemühungen, nach dem Vorbild der Tierzüchter neue Menschen hervorzubringen, sind an der Komplexität der Humangenetik gescheitert. Daraus wird vielfach der fatalistisch-pessimistische Schluß gezogen, der Mensch sei „für dieses Leben" eben „nicht klug genug" und das explosive Wachstum von wissenschaftlich-technologischer Macht führe unweigerlich in die Katastrophe der „harten Regulation" durch die Natur. Dem steht der Glaube gegenüber, es komme nur auf politisches Handeln an, Wohlstand und Glück, hier und jetzt, herzustellen. In solche Glaubenssätze mischt sich der Pragmatismus der Praxisrezepte gern mit dem Radikalismus der Gesellschaftsplaner. Man sieht mit einiger Berechtigung hinter dem pessimistischen Fatalismus eine biologistische Weltsicht und hinter dem politischen Aktionismus die Paradigmen der Managementtechniken. Der fatalistische Optimismus des aufklärerisch frühbürgerlichen Fortschrittsglaubens fristet nur noch ein stilles Dasein im Hintergrund.

Welche Rolle hat nun aber politisches Handeln in der Evolution? Kann es Promotor und Träger von Regulation und Innovation sein?

Klar ist: Im Wettbewerb zwischen Sozietäten – wie aggressiv-destruktiv oder wie normengeleitet sich dieser abspielt, ob Menschen, Völker, Staaten, Kulturen dabei zugrunde gehen oder nur Firmen, Parteien oder Moden Pleite machen – setzen sich erfolgreiche „Informationspakete" (seien das nun Religionen, Ideologien, Sprachen, Wissenschaften, Kunststile) durch und verdrängen weniger erfolgreiche.

Evolution ist das erst, wenn dabei die Komplexität der Systeme zunimmt und diese Tendenz fortdauernd ist.

Komplexere Kulturen haben bisher primitivere immer noch überwältigt und dominiert. Auch erobernde „Barbaren" übernahmen die „verfeinerten" Kulturen der Unterlegenen, wenngleich nicht mit allen ihren „Informationspaketen".

Wenn die Gesetzmäßigkeiten der kulturellen Evolution solcher Art sind, läßt sich von der Evolution kaum linearer Fortschritt erwarten. Also auch nicht der Sieg einer einzigen Gesellschaftsordnung oder

„Weltmacht". Politik könnte nur über das Risiko des steten Versuches reüssieren. Doch gerade das gibt der Evolution eine gute Chance. Freilich kann keine Gesellschaft sich so rasch anpassen, daß sie allen Krisen rechtzeitig begegnen kann – es wird noch lange beim Lernen aus dem Leiden bleiben. Aber es werden dabei jene Gesellschaften die Oberhand gewinnen, die am schnellsten die objektiv besten Lösungen hervorbringen. Und es werden sich jene Lösungen durchsetzen, die längerfristig der Gesellschaft am meisten nützen und gleichzeitig die dafür nötige Motivation maximieren.

Für eine langfristige, in ihrem detaillierten Verlauf jedoch völlig unabsehbare Evolution können einige Gesetzmäßigkeiten in der Form von „Trends" aufgestellt werden.

• Gesellschaftliche Leistung: Wenn es auf die evolutionäre Intelligenz und die Anpassungsqualitäten des sozialen Systems ankommt, müssen die Leistungen der Gesellschaft gegenüber den individuellen Leistungen immer dominanter werden.

Zum Beispiel: Der Nutzungsgrad von Datenbanken und Informationsnetzen in einer Gesellschaft wird wichtiger, während einzelne Experten an Gewicht verlieren. Es kommt auf das Zusammenspiel zwischen Basisdemokratie und Expertenrationalität an und weniger auf das Lobbying von Interessengruppen und die einsamen Entschlüsse von Spitzenpolitikern.

• Flexible Sozialisation: Wenn Gesellschaften siegen, in denen soziale Werte und individuelle Interessen besser harmonisiert sind, werden flexible Sozialisationstechniken Oberhand gewinnen. Heute vorherrschende Techniken der Persönlichkeitsprägung in der Jugend und der Überredung durch Charisma, Wort- und Bildgewalt werden in den Schubladen verschwinden.

Lebenslanges Lernen verbreitet sich. Die Vererbung der Profession von den Eltern auf die Nachfahren wird unüblich. Neue Normen, wie die sorgsame Abfallentsorgung oder gesundheitsfördernde Körperbewegung, werden immer öfter durch positive Anreize als auf die Berufung auf Disziplin durchgesetzt. Die Methoden plakativer Werbung werden ebenfalls an Attraktivität verlieren.

• Reflektivität: Wenn nur das stete reaktive Probieren Einsicht in komplexe Zusammenhänge gewährt, werden die Wissensgesellschaften den Wettlauf gewinnen.

• Zum Beispiel: Zukunftswissenschaft und Science-fiction verbinden sich enger und werden immer ernster genommen; auch das Publikumsinteresse und die Medien wenden sich von ideologischen Konflikten um Tagesfragen ab und den Diskussionen um Entwicklungen zu. Diese betreffen ja auch noch persönliche Erwartungen und Pläne, während die ökonomischen Verteilungskonflikte der Tagespolitik bei steigendem Wohlstand einen großen Teil der Bürger nicht mehr aufregen.

• Die Evaluation von Hochschulen und Politik wächst sich zu einem interdisziplinären Wissenschaftszweig aus, der aber von allen Betroffenen beachtet, diskutiert und gefördert wird.

Was bedeutet das für die Politik? Die Funktion von Politik läßt sich unter dem evolutionären Aspekt in eine Reihe von Rollen teilen:

1. die Erhaltung des Ordnungssystems, des sozialen Friedens und der politischen Kultur – eine mit der Komplexität der Gesellschaft und der Dynamik der Entwicklungen nicht leichte Aufgabe. Man könnte auch sagen: „Man muß schon sehr schnell laufen, um auf der Stelle zu bleiben";

2. die steten Experimente mit hoffnungsvollen Innovationen und Verbesserungen – nicht nur als Reagieren auf Probleme, sondern mit dem Blick auf evolutionäre Ziele;

3. Die Reflexion der Gesellschaft in der öffentlichen Darstellung von Politik.

Es ist nicht leicht, solche fundamentalen evolutionären Rollen mit der generellen Aufgabe demokratischer Politiker unter ein Dach zu bringen. Sie vertreten ja in erster Linie noch immer die Interessen von politischen Klienten und einzelnen Gruppen und schleppen auch noch „nationales" und „ideologisches" Gepäck mit sich.

Die evolutionären Gesetzmäßigkeiten werden immer wieder jene politischen Systeme und jene Politiken mit Mißerfolg bestrafen, denen es nicht gelingt, Interessen und Werte ihrer Gesellschaft zu harmonisieren und gleichzeitig den Gesetzmäßigkeiten der kulturellen Evolution zu folgen. Die jeweiligen Geschichtsschreibungen und Politikdeutungen spiegeln das allerdings nur bedingt; sie sind selbst nur instrumentell. Evolution ist so schwierig zu beobachten und zu objektivieren wie alle anderen Naturprozesse.

8. Evolution oder nicht?

Die Theorien dieses Buches beruhen zu einem guten Teil auf dem Ideenfundament der „kulturellen Evolution". Die Kraft der Evolution ist auch das wesentliche Argument des Optimismus, daß es so etwas wie den naturgesetzlichen Fortschritt zu einer „guten" Gesellschaft gäbe. Wenn satte Menschen weniger aggressiv sind und glückliche Menschen altruistischer und soziale Intelligenz in einer Gesellschaft die Motivation stärkt, dann siegen letztlich die Reichen und Friedlichen, die Glücklichen und Guten – und bilden eine Gesellschaft, in der sich die Träume von Generationen endlich erfüllen. Auch wenn es lange dauert und weh tut. Doch Zweifel ist das Brot der Wissenschaft. Und so sei, am Ende des Theorie-Kapitels, die Evolution noch einmal in Frage gestellt.

Die Theorie der kulturellen Evolution ist noch sehr jung und unreif – und das Kind etwas anrüchiger Eltern. Ihre Vorfahren sind die wissenschaftlichen Denkmuster ideologischer Glaubenslehren von Gott Fortschritt und seinen technologischen Engeln einerseits, von der unsichtbaren Hand des heiligen Marktgeistes andererseits. Solche Ideologien sozialistischer und liberaler Prägung beherrschen noch immer die Politik der Moderne, haben aber viel von ihrer Erklärungs- und Überzeugungskraft verloren. Die Zunft der Wissenschafter ist bemüht, eine evolutionäre Theorie zu entwickeln, die der historischen Erfahrung und den statistischen Tests besser standhält, als die stärker ideologischen Konstrukte der großen Alten Adam Smith und Karl Marx und deren Nachfolger.

Die Frage ist, ob die undogmatischen probabilistischen Denkmodelle der „postmodernen" Gesellschaftstheorien auch genug Optimismus als reale Triebkraft motivieren können, um eine schöne neue Zeit wahr werden zu lassen.

Die kurzfristigen Heilsversprechen, die auf radikalen und revolutionären Patentrezepten beruhen, haben da wenig Chancen. Die Forderungen nach totaler Privatisierung, totaler Egalisierung, dem totalen Stop der Technologisierung oder der forcierten Umstellung auf die neuen Kommunikationstechniken finden zwar noch einzelne Advokaten an den Universitäten, werden aber im Mainstream des heutigen Wissenschaftsdiskurses kaum mehr ernst genommen. Sie bewegen durch ihre ideologisierende Tragkraft zwar noch Politik, aber finden in den komplexeren ganzheitlich-systemischen Vernetzungstheorien unserer Zeit keine Stütze mehr. Das unterscheidet sie von den gigantischen Gebäuden der ideologiestützenden Lehren, die sich trotz ihrer eindrucksvollen Breite auf ganz simple, zugespitzte Gebrauchsanweisungen reduzieren ließen: Verstaatlichung und Elektrifizierung als Garantie des Fortschritts zum Sozialismus, Wahlrecht und Pressefreiheit als Zauberspruch zur Entwicklung von Demokratie, einheitliche Währung und allgemeine Schulpflicht in einer allgemeinen Verkehrssprache als Patentrezept der nationalen Befreiung. Weder die älteren noch die neueren ideologischen Theorien sind ausgestorben; auch in der kulturellen Evolution leben die Fossile noch frisch und munter neben den höher entwickelten Arten (wie in der biologischen Evolution die Säugetiere neben den Reptilien, Insekten und Mikroben). In adaptierten Varianten heben liberalistische, sozialistische und nationalistische Lehren immer noch ihre Köpfe – und auch Mutationen noch älterer Kulte und Sekten sprießen in der modernen Reichstumsgesellschaft. Sie dominieren aber nicht mehr.

Kommt aber wirklich etwas Besseres nach? Gibt es den Fortschritt – und kann man sich auf ihn verlassen?

Der Optimismus, daß auch die neuen Lehren von der Unsicherheit der Zukunft genug Optimismus für eine sichere Zukunft hervorbringen, braucht Stützen. Eine der verbreitetsten progressiven Argumente, quer über alle Ideologien ist die Parallele zwischen kultureller und biologischer Evolution.

Das Leben auf unserem Planeten hat es in drei Milliarden Jahren geschafft, aus Einzellern den Menschen zu entwickeln, noch dazu mit deutlicher Beschleunigung – vor 500 Millionen Jahren gab es noch keine Fische und keine Landtiere, in den letzten 60 Millionen Jahren entfaltete sich, nach dem Ende des Saurier-Zeitalters, die ganze Vielfalt der Säugetiere. Und der Mensch, wie er heute ist, ist als biologische Art nicht einmal hunderttausend Jahre alt. Wenn die biologische Evolution einen so stetigen Fortschritt zeigt, so fällt der ermutigende Glaube leicht, daß der Sieg des Besseren ein Naturgesetz sei. Und zweifellos beruht das Selbstvertrauen der modernen Zivilisation im innersten Kern auf dem Gefühl, selbst an der Spitze einer Entwicklung zu stehen, die nach einer inneren Ordnung unausweichlich von der Mikrobe zu unserer Zivilisation geführt hat – und weiteren Fortschritt erhoffen läßt. Wo das fehlt, breitet sich Pessimismus aus.

Seit Darwin gilt die biologische Evolution zu immer höheren Formen als unumstößlich. Oder wenigstens zu immer komplexeren Formen – wenn das Selbstlob des Menschen als „höchste" Form des Lebens zu überheblich und subjektiv erscheint. Die Evolution zu immer mehr Komplexität ist heute akzeptierte Lehre.

Doch gibt es auch eine neuere, gut fundierte wissenschaftliche Gegenauffassung, die Evolution anders sieht. Der in Forschung und Popularisierung gleichermaßen erfolgreiche amerikanische Geologe und Zoologe Stephen Jay Gould vertritt in seinem Buch „Life's Grandeur" diese Auffassung, und bezieht sich auf neueste wissenschaftliche Ergebnisse, die das unterstützen. Diese Relativierung der biologischen Evolution hat nichts zu tun mit der fundamentalistischen Leugnung der über Jahrmilliarden gehenden Entfaltung des Lebens zu immer größerer Vielfalt, wie sie unter streng Bibelgläubigen gerade in den USA noch verbreitet ist. Sie reduziert die Schöpfungsgeschichte nicht auf eine Woche göttlicher Schwerarbeit und ein paar tausend Jahre Heilsgeschichte. Im Gegenteil, sie breitet sie aus, in einer Sichtweise, welche die heute gängige Auffassung sprengt.

Der Kern der „rebellischen" Argumentation beruht auf Statistik und hat eine zwingende Logik.

Die biologische Evolution folgt aus zwei Gesetzmäßigkeiten:

Der Vererbung zufällig auftretender Mutationen in den Genen (von Gregor Mendel vor 125 Jahren entdeckt) und der Überlebenschance der an die Lebensverhältnisse angepaßten Formen (als natürliche Zuchtwahl von Charles Darwin vor 140 Jahren verkündet). Beide Entdeckungen sind so neu, daß es sich heute noch lohnt, sie in ihren wesentlichen Zügen, auch in einem Buch für eine gebildete Leserschaft zusammenzufassen.

Mutationen treten zufällig auf, nicht schon als gezielte Anpassung – wie noch Darwins Zeitgenosse Lamarck dachte. Hochleistungstrainierte Sportmuskeln werden nicht vererbt (ja, nicht einmal über lange Zeiten der Untätigkeit erhalten – zum Leidwesen vieler Sportler und Trainer). Jede Generation von Akademikern muß wieder von vorn in der Abc-Klasse das Lesen lernen. Die Bienen brauchen für ihren Orientierungstanz hingegen keine Tanzschule, die Nachtigall braucht keine Noten lernen – allerdings hat es auch geologische Zeiträume der allmählichen Steigerung spontan aufgetretener Erbänderungen bedurft, bis sich so komplexe Muster als angeborene Instinkte gebildet haben. Und die Mehrzahl der zufälligen Mutationen wurde wieder ausgelöscht, weil sie das betroffene Individuum lebensunfähig machte oder zumindest seine Überlebenschancen so minderte, daß die neue Variante nach wenigen Generationen wieder ausstarb. Oft auch erst nach einigen Millionen Jahren, wenn das Klima härter wurde oder eine neue schnellere Raubtierart in ihr ein leichtes „Fressen" fand.

Der Kampf ums Überleben war und ist hart. Aber nur für die weniger angepaßten Formen. Die Mutationen haben immer wieder und reichlich neue Formen hervorgebracht, die gut fürs Überleben waren und neue Nischen der Natur erobern und füllen konnten. So stieg das Leben aus dem Meer ans Land, erhob sich in die Lüfte, breitete sich in Sand- und Schneewüsten aus. Und brachte Bakterien hervor, die sich im Erdinneren ohne Sauerstoff und bei 200 Grad Hitze vermehren.

Da taucht nun die Frage auf: was sind in dieser Vielfalt die „höheren" Lebensformen: die Bakterienkulturen, ohne die es keinen fruchtbaren Boden und keine gedeihliche Darmflora gäbe, oder die Bienen- und Termitenstaaten mit ihrer staunenswerten Arbeitsteilung, oder der Albatros und der Jaguar, die uns Menschen im Fliegen und Laufen weitaus überlegen sind, oder wir, diese seltsame Primatenart, die durch die Wucherung der Gehirnrinde auffällt? (Von den Pflanzen sei gar nicht die Rede – obwohl sie die größte Masse des Lebens ausmachen.) Betrachtet man die Vielfalt der Arten und der Anpassungen, so kann keine Rede davon sein, daß die höheren Tiere die erfolgreicheren wären. Die seit Milliarden Jahren überlebenden Einzeller, die Masse der Meeresbewohner und der Insekten übertrifft bei weitem die der Säugetiere. Von den Säugern kennen wir ein paar tausend Arten, von den Käfern hat die Zoologie schon fast eine Million Arten registriert – und wir kennen noch längst nicht alle.

Es bleibt als Stütze menschlichen Stolzes nur die Theorie: die Evolution marschiert, nach göttlicher Ordnung, auf immer höhere Komplexität zu – und das komplizierteste Lebewesen ist der Mensch. Also wird er sich noch weiter entwickeln, hin zum gottgleichen Übermenschen.

Aber auch aus diesem letzten Paradies vertreibt uns gnadenlos die Wissenschafter-Subkultur der Evolutionsrebellion. Und nun kommt die Statistik ins Spiel.

Wenn man eine Verteilung von Eigenschaften aufzeichnet, so ergibt sich eine Glockenkurve, die in der Mitte am höchsten ist und zu beiden Enden zu ausläuft. Die Körpergröße erwachsener Österreicher mag als Beispiel dienen. Zwischen 1,60 m und 1,80 m liegt die Mehrheit, wenige sind kleiner als 1,50 m und größer als 1,90 m. Es gibt noch Liliputaner unter 1,40 m und Riesen über 2 Meter – weit darunter und darüber kommen nur vereinzelte unglückliche „Monster" vor. Mißt man Komplexität in Graden der Vielgestaltigkeit und Reichhaltigkeit, so kann man auch die Verteilung messen. Gäbe es einen Trend zur höheren Komplexität in der gesamten Evolution des Lebens auf unserem Planeten, so müßte nicht nur die Verteilung breiter, also die Streuung größer werden, es müßte sich die ganze Verteilung zur höheren Komplexität verschieben. Um wieder das Beispiel der Körpergröße zu bemühen: Die Österreicher sind in den letzten 100 Jahren größer geworden, im Durchschnitt – das betrifft kaum die Liliputaner und die Riesen, sondern das Mittelmaß, den Bauch der Glockenkurve, er ist nach rechts gewandert: wahrscheinlich durch die bessere Ernährung, die Zurückdrängung der Kinderkrankheiten, ganz genau weiß man die Ursachen nicht.

Würde man auch sagen können, die Österreicher seien größer geworden, wenn nur ein paar 2,40 m große „Monster" dazu gekommen wären, gleichzeitig mit ein paar Zwergen-Monstern unter 1 Meter Größe?

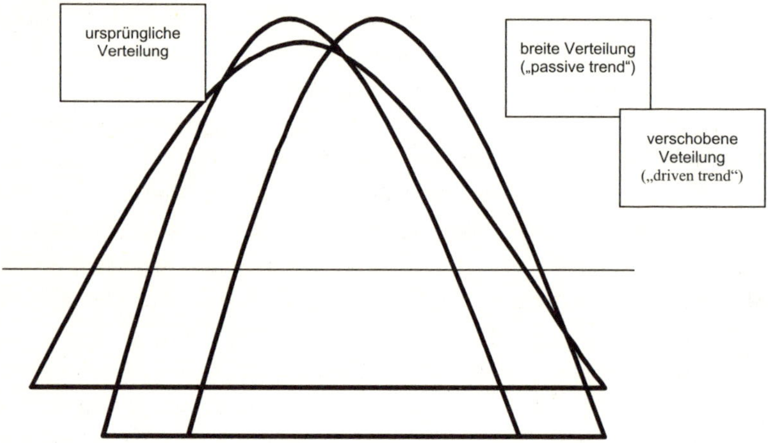

Gould, Life's Grandeur

Genau das zeigen nun einige Studien, sei das Wesen der biologischen Evolution: sie habe nur eine breitere Verteilung, größere Streuung, hervorgebracht – und keine Verschiebung des Lebens zu höherer Komplexität. Dan McShea vom Institut für Komplexitätsforschung in Santa Fe hat an verschiedenen fossilen Tierstämmen die Entwicklung der Komplexität über Millionen Jahre studiert, wie sie aus den geologischen Ablagerungen, etwa von Ammoniten, ablesbar ist. Er kommt zu dem Schluß, daß sowohl kurzlebigere Mutanten wie die langlebigen „Erfolgsformen" sowohl zu größerer wie zu geringerer Komplexität geführt haben. (Bei Ammoniten haben auch „kurzlebigere" Formen einige Millionen Jahre überlebt – noch erfolglosere Mutationen sind wohl in den geologischen Schichten kaum dokumentiert -, die langlebigen in seiner Sammlung überdauern mehr als 50 Millionen Jahre: Zeiträume, von den wir Menschen nur träumen können.) McShea nennt die bloße Verbreitung der Formenvielfalt „passive trend", die von ihm statistisch gesuchte und nicht gefundene Zielrichtung biologischer Evolution hingegen „driven trend". Und er folgert aus seinen Daten: die biologische Evolution ist nicht zu immer höherer Komplexität „getrieben", sie hat das Großhirn des Menschen und die Adlerschwingen hervorgebracht, aber ebenso ganz reduzierte Formen des Lebens in Parasiten ohne eigene Organe, in Viren, die fast nur mehr aus einem genetischen Code bestehen. Und in der Masse des Lebens herrschen unverändert seit hundert Millionen Jahren Arten mittlerer Komplexität vor – die „höheren" Tiere sind „in der Natur" selten und bedroht (selbst noch, oder noch mehr, seit der wuchernden Proliferation des Menschen samt Parasiten und Haustieren). Diese Einsicht kommt dem pessimistischen Zeitgeist sehr zupaß.

Doch die Unfrohbotschaft von der Zufälligkeit und Bedeutungslosigkeit der Spezies Mensch geht noch weiter. Sie zerstört auch die Hoffnung, daß dieser „passive Trend" der biologischen Evolution immerhin noch weitere Verbesserungen des homo sapiens hervorbringen kann, ja muß, wenn die Entwicklung in allen Richtungen weitergeht. Eine seltene Randerscheinung an der „Vorderfront der Evolution" zu sein, mit dem Potential des „Fortschritts" in der Tasche, wäre vielleicht genug für einen metaphysischen Optimismus, gestützt auf Stolz. Aber selbst dagegen führt diese postmoderne Zoologie ein gewichtiges Argument ins Treffen.

Am Beispiel der Körpergröße: Die Masse oder die Höhe oder die Länge der erwachsenen Individuen im Tierreich läßt sich in einer Verteilung abbilden, an deren linken (unteren) Ende der Einzeller (oder das Virus) steht, am rechten (obere Ende) der Elefant und der Wal.

Der Mittelwert, den man auf verschiedene Art bilden kann, wird jedenfalls bei den kleineren Tieren liegen – weit unter der menschlichen Größe: nur eine Minderheit von Tieren ist größer als wir – selbst noch wenn man die Fische dazu nimmt (im Wasser wiegt Körpermasse weniger schwer). In der Evolution hat, zumindest sehr langfristig, die Obergrenze der Körpergröße zugenommen – vom Einzeller zu den Wirbeltieren. Aber nur bis zu einer Grenze, die durch die Naturgesetze gegeben ist: viel größer als bis zum größten Saurier oder bis zum Riesenwal geht es nicht; die Physik läßt kilometerbreite Lebewesen nicht zu, und ein Minuswachstum bis zum Minustier mit dem Minusgewicht gibt es nicht. Die Evolution hat den durch die physikalischen und chemischen Naturgesetze begrenzten Größenraum ausgefüllt, nach oben wie nach unten. Und dann stoppt sie.

Das gilt auch für die Kapazität des Gehirns und die Leistungsfähigkeit unseres Nervensystems. Auch hier stößt die Evolution an eine Wand. Auch extreme Randerscheinungen haben den weiteren „Fortschritt" nicht in der Tasche. Wir Menschen sind nur eine der vielen Arten am Rand der Verteilung. Nicht Besonderes.

Erstaunlich. An sich haben die rassistischen Ideologien, die auf die Züchtung eines besseren Menschen setzten, doch längst Pleite gemacht. Nur mehr in kitschigen Science-Fiction-Geschichten kommen Superman-Exemplare vor, die sowohl an Fitneß wie Intelligenz Kirchturmhöhen erreichen. Im Alltag wie in den wissenschaftlichen Technologien hat man sich längst damit abgefunden, daß die derzeitigen Weltrekorde im Hundertmeterlauf und im Kopfrechnen, in der Akrobatik wie im Schachspielen nur mehr um Promille gesteigert werden können – weil hier obere Grenzen physischer und psychischer Fähigkeiten erreicht sind, die im genetischen Bauplan fixiert sind und sich auch durch gewollte Züchtung nicht mehr viel verbessern lassen.

Der Optimismus kann sich leicht mit der Einsicht abfinden, daß in der ungeheuren Vielfalt des Lebens die Spezies Homo sapiens nur eine extreme Variante in der breiten Verteilung von Gehirntieren ist – eine Überspezialisierung an der Grenze der Überlebensfähigkeit. Man kann ja auch daraus Würde und Stolz gewinnen, Mitglied des gigantischen Vereins der irdischen Lebewesen zu sein. Religiöse Ekstasen und das von Sigmund Freud so benannte „ozeanische Gefühl" der Ergriffenheit operieren wohl mit einem solchen „metaphysischen" Zugehörigkeitsgefühl zur „großen Mutter Natur" oder zur „Weltseele". (Manche Primatologen wollen auch schon Schimpansen bei der „Anbetung" von grandiosen Naturschauspielen, wie einem Wasserfall, ertappt haben.)

Für den einzelnen Menschen, dessen Lebensdauer die der Spezies eigene Grenze von etwas mehr als hundert Jahren keinesfalls überschreiten wird, könnte – selbst wenn er sich noch mit der Zukunft seiner Enkelkinder identifiziert – die biologische Evolution mit ihrem Jahrmillionenrhythmus ohnedies keine persönliche Hoffnung bieten. Er wird sich, wenn er seinen Optimismus untermauern will, seine Bausteine sicher aus der kulturellen Evolution holen – auch wenn er diesen Begriff nicht kennt.

In den letzten hundert Jahren hat die durchschnittliche Körpergröße in den reichsten Ländern um etwa 5 Prozent zugenommen, in den ursprünglich ärmeren um mehr als 10 Prozent, aufgrund besserer Ernährung und geringerer Beeinträchtigung durch Kinderkrankheiten. Das sind jährliche Wachstumsraten von 0,5 bis 1,0 Promille.

Die durchschnittliche Lebensdauer ist im selben Zeitraum stärker angestiegen. Offenbar war man hier von der erreichbaren Grenze, die man für ganze Bevölkerungen genetisch wohl kaum höher als 95 bis 100 Jahre annehmen kann, noch weiter entfernt gewesen. Medizin und „gutes Leben" haben hier in den begünstigten Regionen die Lebenserwartung von 60 auf 80 Jahre steigen lassen – und in den Gebieten der stärksten kulturellen Aufholjagd sogar von 35 auf 65 Jahre. Das sind maximale Zuwachsraten pro Jahr von 3 bis 4 Promille. Es ist unmittelbar einsichtig, daß ein solcher „Fortschritt" im Lebensalter vorher nicht lange möglich war und in Zukunft nicht weiter bestehen kann. Bei einem steten jährlichen Zuwachs von 3 Promille hätte eine Population, die heute 80 Jahre alt wird, vor 1000 Jahren nur 4 Jahre gelebt und würde in 1000 Jahren 1600 Jahre alt werden.

Die biologischen Grenzen werden noch deutlicher, wenn man diese Rechnung mit der Körpergröße anstellt. Selbst bei der bescheidenen Zuwachsrate von 1 Promille, die durch die kulturelle Evolution in den letzten hundert Jahren erzielt wurde, würde eine heute 1,75 Meter große Bevölkerung in tausend Jahren 4,75 Meter groß sein, in 2000 Jahren 13 Meter – und der in den Ötztaler Alpen unlängst aus dem Gletschereis nach 5000 Jahren wieder aufgetauchte Tiroler, wegen seiner uns so ähnlichen Körperlichkeit liebevoll „Ötzi" getauft, wäre nur ein „Däumling" von 1,2 Zentimeter Höhe gewesen.

Der Charakter revolutionärer Wachstumsschübe wird hier drastisch klar: sie folgen einer S-Kurve, die nur eine gewisse Zeit lang sehr steil ist.

Doch kulturelle Evolution bringt weit steilere S-Kurven hervor, wo sie nicht durch die biologische Natur des menschlichen Individuums begrenzt wird. Die höchsten Gebäude der Welt wurden zwischen 1909 und 1976, im amerikanischen Jahrhundert, in New York gebaut – vorher und nachher sind die Hochbaurekorde rund um die Welt gestreut, offenbar jeweils vom Stand der Bautechnologie begrenzt. Der Metropolitan Life Tower war 1909 mit 700 Fuß Rekordhalter, schon 1913 überflügelte ihn das Woolworth Building mit 792 Fuß; das Chrysler Building setzte 1930 mit 1048 Fuß eine neue Marke, wurde aber schon 1931 vom Empire State Building mit 1250 Fuß geschlagen – dann wurde nicht mehr viel höher gebaut: eine technische und ökonomische Grenze war erreicht.

Die Zuwachsrate zwischen 1909 und 1931 erreichte ein Maximum von 3,3 Prozent. Wäre es so weiter gegangen, müßte schon 1976 der höchste Bau weit über 5000 Fuß gewesen sein und heute mit 11.000 Fuß den Großglockner überragen. Ganz undenkbar sind, wenigstens technisch, solche Bauhöhen für die Zukunft nicht. Doch stoßt solcher Größenwahn, dem seit den Pyramiden große Teile des Arbeitsprodukts geopfert wurden, wohl zunehmend an die Grenzen einer humanen Rationalität, die mit dem Mythos des Turmbaus von Babel begann und heute mit computergestützten Kosten-Nutzenkalkül und demokratischer Volksabstimmung noch längst nicht am Ende ist.

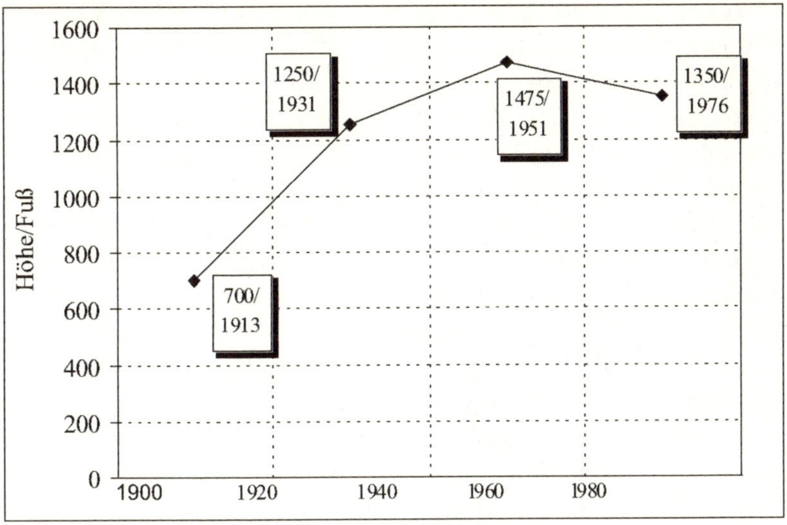

Die Wachstumskurve der Wolkenkratzer

Die einzelnen Fortschritte der kulturellen Evolution sind, bei Wachstumsraten von etlichen Prozent, stark erlebbar – bei Promille-Wachstum durchaus noch in einem Leben sehr wirksam.

Die Ursachen für diese Geschwindigkeit liegen in wenigen entscheidenden Naturgesetzlichkeiten:

• Kulturelle Neuerungen, Innovationen, setzen sich nicht nur mit der Überlebenskraft ihres Trägers durch – sondern auch dadurch, daß sie übernommen und nachgeahmt werden (während genetische Mutationen an das Individuum und die Vererbung gebunden sind).

• Neues entsteht in Kulturen auch nach Bedarf – nicht nur durch Zufall (während es in der biologischen Evolution keine gezielte Mutation gibt, zumindest nicht in nennenswertem Maß).

Der Unterschied ist gigantisch: die großen Neuerungsschübe der biologischen Evolution wurden durch Katastrophen und Klimaverschiebungen ausgelöst und dauerten Jahrmillionen – die Neuerungsschübe der kulturellen Evolution entstehen unter dem viel sanfteren

Druck des Wettbewerbs und vollenden sich, samt Vorlauf und Nachlauf in Jahrhunderten, in ihrer akuten Wandlungsphase sogar in Jahrzehnten. Die üblichen Zerschnitzelungen der Zeit in Geschichtsepochen einerseits, in ökonomische Innovationszyklen wofür etwa der russische Wirtschaftsanalytiker Kondratieff bekannt wurde) andererseits spiegelt solche Neuerungsschübe der kulturellen Evolution.

Populistische Politik hat eine gute Nase für die Zyklen der Evolution und erntet den Erfolg der Wahrsager, die sich als Wundertäter ausgeben – nach dem uralten Vorbild der „Regenmacher" mit ihrem Hokuspokus. Kreative Politik bemüht sich, kulturelle Innovation zu erfinden und die Evolution anzuschieben – was aber nur gelingen kann, wenn der Bedarf da ist und die Konkurrenz Luft läßt.

Die im historischen Maßstab so rasche Aufeinanderfolge von immer neuen Innovationszyklen läßt Vorhersagen aufgrund bloßer Trendverlängerungen nicht zu. Es ist immer wieder mit einem neuen „Aufbruch in die Zukunft" zu rechnen, der sich aber dann in der Sättigung des Bedarfs und des Interesses und durch die „Degradierung der Eliten" wieder erschöpft. Aber kein Zyklus endet dort, wo er begonnen hat. Die kulturelle Evolution springt von Stufe zu Stufe.

In jeder einzelnen Eigenschaft und Fähigkeit von Gesellschaften, in jeder einzelnen Leistungsdimension von Wissenschaften und Techniken endet die Evolution an einer natürlichen Grenze. Aber der Prozeß geht weiter, jeweils in neuen Qualitäten.

Also doch Evolution? Ja, aber nicht unbedingt und unbegrenzt in der Weiterentwicklung des Bisherigen. Oft wird es ganz etwas anderes.

IV. VISION

1. Hoffnung

Ein Leben ohne Wünsche und Hoffnungen ist unvorstellbar. In der makabren Sitte, einem zum Tode Verurteilten vor der Exekution noch eine Henkersmahlzeit nach eigener Wahl zu bieten, nimmt das Prinzip Hoffnung seine verzweifeltste Form an. Doch gibt es viele Zeugnisse, daß selbst in den qualvollsten und elendsten Situationen die Erwartung winziger Freuden zum Lebensmittelpunkt wurde. In Gefängnissen und Konzentrationslagern, in Schützengräben und Rettungsbooten konzentrierte sich der jämmerliche Rest von Glück in die Vorfreude auf die paar Bissen oder Schlucke an Essen und Trinken, auf die ersehnten Momente der Erleichterung, des Schlafes, auf die winzige Wonne einer halben Zigarette. Wer sich diese Reste von Hoffnung nicht bewahren konnte, gab auch die letzten Reste der größeren, schon metaphysischen Hoffnung auf, daß es eine Erlösung geben könne – und ließ sich in die Depression fallen. In Extremsituationen bedeutet das meist das Ende.

Der Schluß liegt nahe, daß eine Gesellschaft umso lebenskräftiger und dynamischer sein müsse, je hoffnungsvoller und optimistischer sie in ihrer Gesamtheit ist. Die Sozialwissenschaft bestätigt das. Seit Jahrzehnten erfragen die Demoskopen allerlei Spielarten von Hoffnung und Befürchtung, von Wünschen und Ängsten, von Optimismus und Pessimismus. Politologen, Marktforscher, Ökonomen und Gesundheitsexperten wollen die Schwankungen im Hoffnungspegel gesamter Bevölkerungen genau wissen.

Mit Recht: In Zeiten des Pessimismus zögern die Unternehmer und Manager, in neue Projekte zu investieren, neue Maschinen zu kaufen, neue Mitarbeiter aufzunehmen. Sinkt die Hoffnung auf bessere Zeiten, zögern auch die Konsumenten beim Einkauf, werden bescheidener und sparsamer. Die Mühle der Rezession beginnt sich zu drehen. Weniger Arbeit, weniger Lohn, weniger Hoffnung. Allmählich sinken die Preise, schwächere Firmen machen Bankrott, die glücklicheren gewinnen. Wenn es gut geht, erholt sich die Konjunktur wieder. Es resignieren nur die Verlierer und Langzeitarbeitslosen – und die nächste Optimismus-Welle setzt ein.

Wenn es weniger gut geht, steigt der Prozentsatz der Verlierer. Dann schlägt die Stunde der Radikalen. Hoffnungsverlust macht zornig, schwerer Hoffnungsverlust apathisch gegenüber der Zukunft. In der zeitgenössischen Parteienlandschaft heißt das: Pessimisten wählen den Protest, Verlierer geben ihren Stimmzettel, und wenn es darauf ankommt, ihre laut schreiende Stimme, den extremen Umstürzlern. Gibt es Massen von Verlierern und zufällig einen „starken Mann", so kracht die herrschende Regierung zusammen – manchmal samt dem gesamten System, sei das eine Monarchie oder eine Demokratie. Hoffnungslosigkeit ist gefährlich.

2. Regio-Vision

Der erste Entwurf zu dem, was hier als Grundlage für eine Mobilisierung von Optimismus und als Rezept gegen die gesellschaftliche „Implosion" vorgeschlagen wird, trug den Titel „Visionäres Leitbild der Region Wien-Donauraum mit der Entwicklungsachse St. Pölten-Wien-Bratislava, Konzept für eine konzentrierte Meinungskampagne zur Entwicklung eines Regionalbewußtseins und eines optimistischen Leitbildes für den Ballungsraum Wien, Ostösterreich und angrenzende Regionen der Nachbarstaaten". Ziemlich viel für einen Titel. Die Broschüre mit den vielen farbigen Kartenskizzen der Region war im November 1997 erschienen. Das einzige, was an Werbeziele erinnerte, waren die Slogans:

1. VERKEHR	Netzwerk statt Flickwerk
2. WIRTSCHAFT	High Quality statt Billiglohn

3. BESIEDELUNG Kulturwohnen statt Suburbanisierung
4. UMWELT Grüne Region statt Öko-Wüste
5. KULTUR Lebendige Kultur statt Konservenkultur
6. GESUNDHEIT Wellness statt Sanatorium

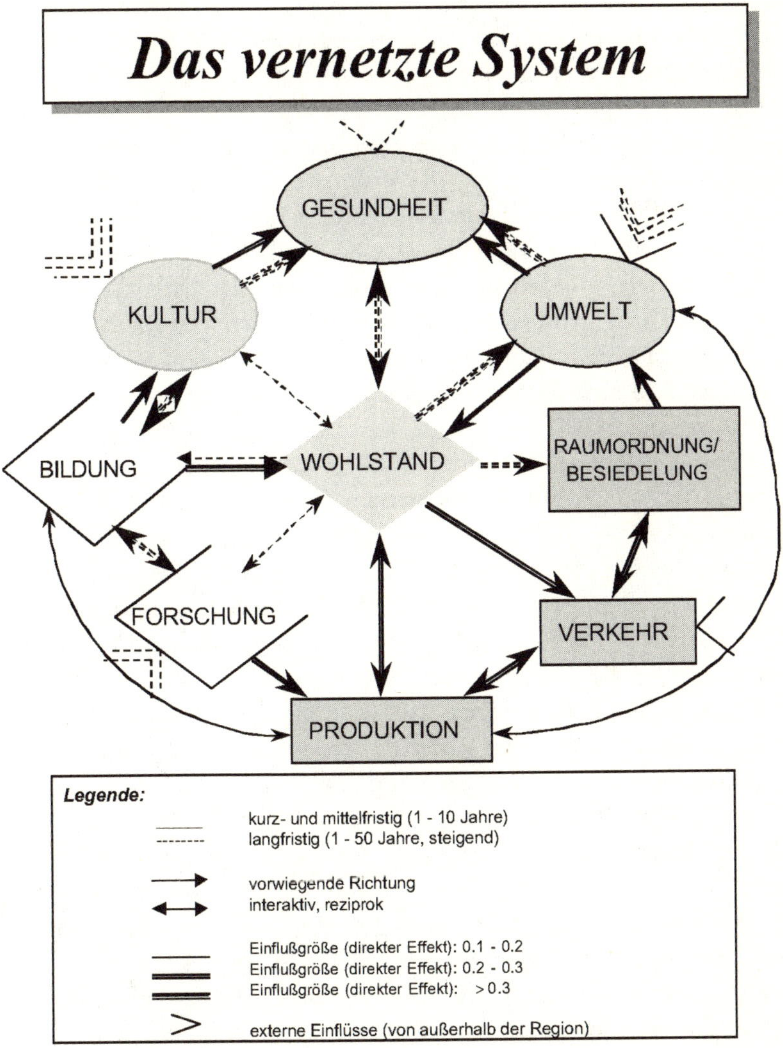

Es sollte eine Prognose-Arbeit sein, doch es gibt keine wissenschaftlichen Prognosen, die sich auf so viele Gebiete zugleich wagen: Es gibt Verkehrsprognosen und Wirtschaftsprognosen, auch Bebauungspläne und ökologische Ziele. Für ein so komplexes System ist die Zukunft nicht prognostizierbar.

Und doch sind zu allen Zukunftaussichten meßbare Indikatoren und realistische Veränderungsraten, auf Zehntel Prozent genau, angeführt.

Das war erst der Beginn. Es reichte aus, das Interesse eines Personenkreises zu gewinnen, der die Vision vom Papier zum Leben erwecken will: Fachleute und Politiker aus der Region bejahten die Idee, ein Forum von Prominenten hatte sich bereit gefunden, die Vision zu ihrem eigenen Anliegen zu machen und sie in der Öffentlichkeit zu vertreten. Unternehmen und Organisationen, deren eigene Pläne und Träume sich in der regionalen Vision wiederfinden, steuern Werbekapazitäten und Finanzierung bei. Mittlerweile ist die „Regio-Vision" zu einem beachtlichen Projekt gediehen. Den Versuch, eine kalkulierte positive Zukunft glaubwürdig, fühlbar und wirksam zu machen, könnte man auch einen „nüchternen Rausch", einen „hellwachen Traum", eine „verarbeitete Utopie" oder einen „optimistischen Plan" nennen. Es ging uns, dem Regio-Visions-Team darum, ein komplexes Gesamtmodell einer Gesellschaft in ihrer gewachsenen und gemachten Lebenswelt als Bild im Kopf so bewußt zu machen, daß dieses Denken und Fühlen gesellschaftlich wirksam wird. Die Wissenschaftssprache nennt so etwas „self fullfilling prophecy". Doch der Vorgang sperrt sich gegen einfache Sprachetiketten. In eine Vision muß man einsteigen. Beginnen wir damit.

- Die Unbestimmtheit der Vision, die Offenheit dieses Ideenbildes, selbst im Konkreten, zeigt sich gleich in der räumlichen Definition.

Die natürliche Region des Ballungsraums Wien und seiner Zentren kann nicht klar abgegrenzt werden. Dieser Raum mit seinen Vernetzungen und Anziehungskräften war nie eine politische Einheit. Gerade darin liegt in der heutigen Zeit einer seiner Vorteile.

Die Vision einer Region hat ihrer Natur nach ebenfalls keine klar definierten Grenzen. So verstanden ist eine Region ein offenes System, sowohl in der Zeit wie im Raum.

Politisch und administrativ muß es Abgrenzungen und genaue Definitionen geben. Doch das kulturelle, wirtschaftliche, geistige, ökologische und demographische Geschehen kennt solche Grenzen nicht – nicht einmal, wenn sie mit eisernen Vorhängen gezogen werden.

Es handelt sich bei dieser Region um ein offenes System, das aber ein Zentrum hat und eine zentrale Achse im Donauraum. Nach außen strahlt es aus und zieht es an und bildet Subzentren von starkem eigenen Gewicht, die wiederum ihre eigenen Bezugsräume haben. Diese Offenheit soll stets bewußt sein, auch wenn in der Symbolisierung und Realisierung der Vision immer wieder spezifische Definitionen des Raumes oder Grenzziehungen notwendig und praktisch sind.

Dieses „System" ist die bisher so genannte „Ostregion": Ein Gebiet, das wir modellhaft mit den Schwerpunkten St. Pölten, Wien, Bratislava definiert haben.

Das Gebiet kann geographisch mit einem Oval umschlossen werden: Wir haben daraus ein Ei gemacht. Das Ei hat eine tiefe, über Alter, Gesellschaftsschichten und Kulturen hinweg allgemein verständliche Symbolik. Es ist die Keimzelle für unser aller Leben. Es ist zerbrechlich und muß achtsam behandelt werden, damit die in ihm steckenden Anlagen tatsächlich zur Entfaltung gelangen können. Die Grenzen des Eis sind nur scheinbare und vorläufige Grenzen. Das Ei selbst beinhaltet bereits alle, die eigenen Grenzen vielfach überschreitenden Lebensmöglichkeiten.

So verhält es sich auch mit der Region: Sie birgt ein ungeheures Potential für positive Wirkungen.

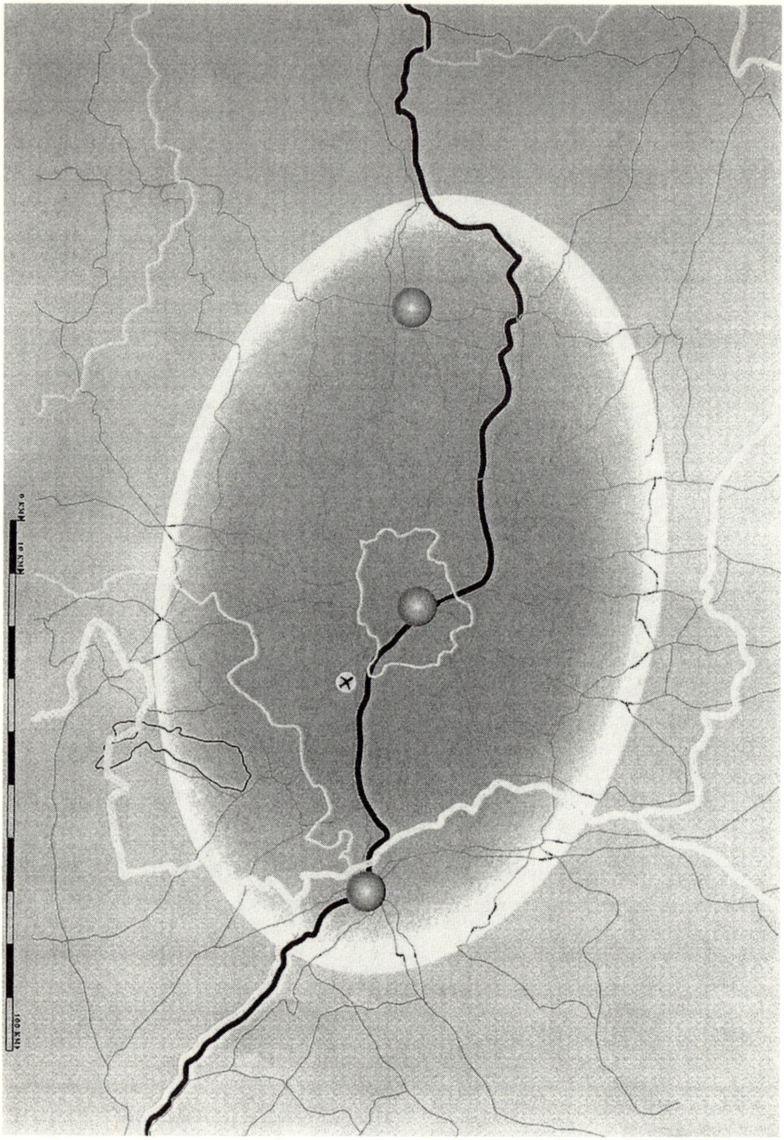

Die erste Darstellung der REGIO-VISION besteht im wesentlichen aus Karten; Zielvorgaben in Schlagworten und Wachstumsraten. Diese lapidare Verkürzung soll als Überblick und Wegweiser an den Anfang der genaueren Schilderung gestellt werden.

Wirtschaft	Trend	Vision
Industrie, Exportproduktion	Abwanderung der traditionellen Produktion in Billiglohnländer, Abwanderung von High-Tech in die Hochlohnländer (Brain Power Drift)	Restrukturierung zu High-Tech und High Quality, Service für internationale Billiglohnproduktion
Fremdenverkehr	Massentourismus mit PKW und Autobus, Sightseeing und Heuriger	Studienaufenthalte und Kongreßtourismus, Package-Reisen mit Airlines, Kultur-Tourismus
Binnenmarkt im Gewerbe, Dienstleistungen, Lokalproduktionen (LW, Versorgungsindustrie)	Preiswettkampf mit Import billiger Arbeitskräfte, Lohndruck und Niedrig-Preis-Markt	Qualitätswettkampf bei hohem Lohnniveau, wenig Arbeitskräfte-Import
Regionalprodukt jährliche Wachstumsrate in %	1,1	2,3
Regionalprodukt in 30 Jahren (dzt. 100)	139	198
Beschäftigtenanteil im Hochlohn-Sektor (Hochlohn ist 50 % über Durchschnittseinkommen aus unselbständiger Tätigkeit in der EU)	30 %	60 %
Arbeitslosigkeitsrate (Vollbeschäftigung < 5 %)	9 %	3 %

Besiedelung	Trend	Vision
URBAN	Entsiedelung der Innenstadt in Richtung Büro- und Kommerz-Cities, dezentrale „Schlafstädte", Einkaufszentren in der Peripherie	„Rückkehr" in die „grüne Stadt", urbane Überbauung der Bahnhöfe, Industrieparks längs der Verkehrsachsen, urbane Zentren in der ganzen Region
LAND	Reduktion der ländlichen Bau- und Lebensformen auf wenige „museale" Dorfstrukturen, Verlust der Einheit von Landschaft und Besiedelung	Ausbau der Dorfstrukturen, Schutz der Landschaftsflächen vor Verbauung, gezielte Konzentration (Rückführung von „Verhüttelung") zu kulturell angepaßten ländlichen Siedlungen)
SUBURBAN	geplante und „wilde" Zersiedelung in die frei werdenden Agrarflächen (Billig-Boden), Vermarktung der gewachsenen Stadt- und Dorfstrukturen zu kulturellheterogenen Snob-Slum-Mixturen	allmählicher Rückgang oder Neustrukturierung der suburbanen Zersiedelung, Eingliederung in großzügige Landschaftsgestaltung
Anteil der suburbanen Besiedelungsfläche (überwiegend Einfamilienhaus) in 30 Jahren dzt. 86 %	80	60
Anteil Bewohner (dzt. = 23 %)	35	20

Verkehr	Trend	Vision
Autobahnnetz Bahn	Teilausbau, Lücken Status quo, zu Flughafen und nach Bratislava Ausbau der Bahnlinien	Vollausbau, Ring um Wien internationales Schnellverkehrs-Achsenkreuz, Zentralbahnhof in Wien U-Bahn zu Flughafen
Schiffahrt	Status quo, saisonale Behinderung auf Donau unterhalb Wien	Donau für Europakahn ausgebaut Flughafen Wien vergrößert
Luftfahrt	Flughafen Wien im Ausbau gebremst, Bratislava ausgebaut	Bratislava ausgebaut
Verkehrsaufkommen in 30 Jahren (Passagiere und Fracht) dzt. = 100		
Straße	250	200
Bahn	170	300
Schiffahrt	150	380
Luftfahrt	190	280

Kultur	Trend	Vision
Lebensraum Kultur	Kleinräumige Einzelverschönerung („Behübschung“) von Gebäuden und Landschaft (Gärten, Parks), elegante Autos auf häßlichen Parkplätzen, Stil – Chaos	„Kulturwohnen“ in stilvollen Bautenensembles, großflächige Landschaftsgestaltung auch des ländlichen Raumes
Alltagskultur	Konsum-Orientierung, „conspicuous consumptions“, hohe Freizeitmobilität	Lebensqualitäts-Orientierung, Nachbarschaftskultur, Freizeitschwerpunkt im Alltagsmilieu
Hochkultur	konzentrierter „Kunstbetrieb“ in traditionellen Kunststätten, fremdenverkehrsorientiert	internationale und autochthone Kunst in Erlebnisnähe (Kulturwochen, Festspiele, Kunstpräsentationen in allen Zentren im Flughafen, in Betrieben)
Besucherzahlen von Kunstveranstaltungen dzt. = 100		
Inländer	140	400
Ausländer	180	280

Solche Zielvorgaben sind wie Symbole auf einer Landkarte: dort ist der Gipfel und dort das Wirtshaus. Zur Routenplanung geeignet, zur Orientierung unterwegs schon nicht mehr. Was wir trotz aller Statistiken und wissenschaftlicher Sammelarbeit natürlich nicht bereitstellen konnten, war das lebendige Bild des Lebens in dreißig Jahren, wie es für die Menschen in dieser Region aussehen könnte. Das habe ich nun so gelöst, daß ich nach jeden thematischen Abschnitt der Vision mit einem fiktiven Interview abschließe, in dem Fragen gestellt werden, die sich auf das Leben einer imaginären Person in dreißig Jahren beziehen.

Wohlstand

Die Region im Osten Österreichs hat in den letzten Jahrzehnten in einem steten Aufschwung den Aufstieg von einem durch Krisen und Kriege verarmten Gebiet zu einer der wohlhabendsten Regionen Europas erlebt. Die durchschnittliche Wachstumsrate der Wirtschaft lag selbst in den mageren 80er Jahren bei 2 Prozent und stieg nach dem Fallen der Ostgrenzen von 1989 bis heute im Durchschnitt auf mehr als 3 Prozent. Die Ostöffnung der Europäischen Union könnte dieses Wachstum, wenn in intelligente Produktionen und den Dienstleistungssektor umgeschichtet wird, in die nächsten 30 Jahre verlängern. Der tertiäre Sektor verzeichnete in Niederösterreich seit 1975 einen Jahreszuwachs von 3,5 Prozent und von 1,4 Prozent in Wien, das schon mit einem hochentwickelten Servicesektor startete.

Die Vision muß daher für die nächsten 30 Jahre gar keine Beschleunigung des Wirtschaftswachstums anstreben, nur eine Umschichtung zu wertvollerer Arbeit im Hochlohn-Sektor. Vor allem sollen die wirtschaftlich schwachen Zonen an der Peripherie der Region – wie im Waldviertel (oder in Mähren, der Slowakei und Ungarn) – einen hohen Standard erreichen und die Niedriglohn-Gruppen durch eine sozial orientierte Arbeitsmarkt- und Bildungspolitik schrumpfen. Arbeitslosigkeit hat in der VISION keinen Platz: Selbst in den Rezessionsphasen soll es nur wenige Prozent vorübergehend Arbeitsuchender geben.

Das Regionalprodukt soll so weit steigen, daß auch der ärmste Teil der Bevölkerung gesund und glücklich lebt, der gut verdienende Teil seinen Stolz auf erbrachte Leistung kulturell ausdrücken kann und für Gemeinwohl-Zwecke ein großer Prozentsatz zur Verfügung steht. Wie groß der Gemeinwohl-Anteil sein soll, ist politisch zu entscheiden. In welcher Proportion die Gemeinwohl-Mittel über den Staat und die Gebietskörperschaften (oder über private Beiträge, Vereine und Initiativen aufgebracht werden, ergibt sich aus den kulturell und politisch bestimmten Entwicklungen.

Wohlstand soll sich ausbreiten und nicht allein oder vorwiegend den Spitzenverdienern zugute kommen. In 30 Jahren soll eine Mehrheit zu den gut Verdienenden gehören, in 50 Jahren fast die Gesamtheit – abgesehen von einer Minderheit der Schwächeren und „Verlierer“, die es unter den vom Leben hart Mitgenommenen und den Zuwanderern immer noch geben wird.

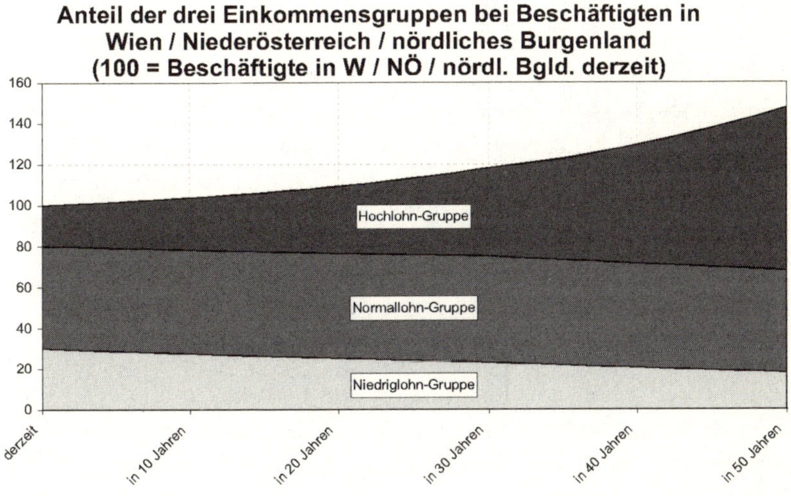

BOAS - Büro für die Organisation angewandter Sozialforschung

Das Muster einer solchen Verbreitung von mittlerem Wohlstand setzt drei Dinge voraus:

ein steigendes Sozialprodukt, also Wirtschaftswachstum,

eine entwickelte Demokratie,

eine europäische Kultur der sozialen Harmonisierung.

Diese Forderungen sind nicht zu hoch gegriffen. Ein mittleres Wirtschaftswachstum des Pro-Kopf-Einkommens von 1,5 bis 2 Prozent würde genügen. Die Demokratie muß in ihrer Stabilität nur ausreichen, den inneren Frieden bei einer mäßigen Zuwanderung zu bewahren. Und die gut Verdienenden müssen sich für die soziale Fairneß und eine hohe ökologische und kulturelle Lebensqualität stärker als heute engagieren – auch über finanzielle Beiträge. Das mag am schwierigsten erscheinen. Aber eine Mehrheit der gut Verdienenden werden Aufsteiger oder junge Berufseinsteiger sein. Es wird darauf ankommen, ob sie die Vision leben oder dem Trend zur individuellen Besitzmaximierung folgen.

Zwei große Ziele müßten mehrheitlich anerkannt werden:

1. Reduktion der Niedriglohn-Gruppen: Die niedrigen Einkommen gehen in einer modernen Arbeitsgesellschaft auf individuelle Handicaps und strukturelle Arbeitslosigkeit zurück. Bei Pensionisten mit kleinen Renten, kinderreichen Familien und Arbeitsunfähigen ist die Benachteiligung verfestigt – und kann nur sozial gemildert werden. Die sozial Benachteiligten im Berufsalter jedoch sollen nicht nur durch Sozialhilfe zu einem glücklichen Leben befähigt werden; die Frequenz von Behinderung soll stark reduziert werden: durch Medizin, Psychotherapie, Selbsthilfegruppen, kompensatorische Bildung, also EMPOWERMENT – und durch Gesundheitsvorsorge, Basisausbildung, Elternberatung, Sozialsprengel, also PRÄVENTION.

2. Ausdehnung der Hochlohngruppe: Hochlohn ist einerseits eine Anerkennung höherer Qualifikation und Leistung, also höherer Produktivität, soll andererseits aber auch gesellschaftlich und freiwillig verpflichten, für Sozialhilfe und Gemeinwohl mehr beizutragen. Die Hochlohngruppe kauft mit ihrem Überschuß für sich Lebensqualität ein – und gewinnt damit auch soziales Ansehen. Je größer die Hoch-

lohngruppe, um so höher die Mittel für Soziales und Gemeinwohl.

Beide Makro-Ziele rechnen sich, wenn sie intelligent verfolgt werden. Empowerment wäre die Stärkung der Lebenskraft durch Lernhilfe und Therapie zu reduzierten Preisen. Denn die gut Verdienenden werden sich solche Kräftigung immer öfter auf dem Markt kaufen. Sie ist eine der profitabelsten Investitionen einer sozialen Gesellschaft. Man erspart damit ein Vielfaches an späterer Sozialhilfe, an Krankenhäusern und Gefängnissen.

Das gilt noch mehr für Prävention, der vorbeugenden Verhinderung von Krankheit, Arbeitsunfähigkeit, Suchtverhalten und Verelendung. Nur die Zeiträume sind lang, bis sich diese Investitionen rentieren – und es sind selten dieselben Institutionen, die in Empowerment und Prävention investieren und die dann den Nutzen haben. Der Markt für Nachhaltigkeit ist noch wenig entwickelt.

Die Region wird durch eine Vermehrung der gut Verdienenden auf zwei Wegen reicher: einmal unmittelbar durch die größere Wertschöpfung, langfristig durch bedeutende Einsparungen an sozialen Kosten der Fürsorge und des Gesundheitswesens. In der Vision verschieben sich die sozialen Kosten zum privaten Markt des gesunden Lebens – dafür kann mehr an Gemeinwohl in die Gestaltung des Lebensraumes, die Umwelt und der Kultur „gekauft" werden.

Die VISION sieht vor, daß in 30 Jahren 40 Prozent, in 50 Jahren schon 70 Prozent zu den gut Verdienenden gehören, die mehr als das Doppelte dessen beziehen, was heute Durchschnittseinkommen ist. Das setzt zwar durchaus keine unplausiblen Wachstumsraten des Regionalprodukts voraus – etwa 2,0 bis 2,5 Prozent im Durchschnitt – aber den heute so aktuellen Fragen ist nicht auszuweichen: Geht nicht die Arbeit im Hochlohn-Sektor aus? Entsteht nicht durch Zuwanderung aus anderen Ländern ein großer Niedrig-Lohn-Sektor? Wie kann massive Arbeitslosigkeit verhindert werden?

Das Rezept zur Lösung dieser Probleme in aller Kürze lautet:

- auf dem Weltmarkt forciert, mit aller nur möglichen Unterstützung über Bildung, Forschung und Infrastruktur, höchste Qualität anbieten: Know-how, Software, Kultur, Tourismus, Biotechnik, Informationstechnik, Designerprodukte;

- in der EU konkurrenzfähig bleiben, Marktanteile halten, vom EU-Wachstum profitieren, aber nicht im Billiglohn-Sektor, sondern bei neuen post-industriellen Produktionen;
- Vollbeschäftigung über den regionalen Binnenmarkt sichern, insbesondere durch Leistungen, welche die Bewohner des Großraums füreinander erbringen und sich gegenseitig bezahlen: Frischprodukte und Bioprodukte vom Land, Gastronomie, Unterricht und Kunst, Pflege und Therapie, Kunsthandwerk und Reparaturdienste, Haushaltshilfe und Kinderbetreuung, Landschaftspflege und Umweltverbesserung, Informationsdienste, Hilfsdienste und Zulieferungen für die Industrie, Verkehrswesen (Fluglinien, Wiener Hafen) – kurz: alle regionalen Produktionen und Dienstleistungen, die höchste Lebensqualität in der Region garantieren;
- der Binnenmarkt soll die Schwankungen im Arbeitsmarkt ausgleichen und Arbeitslose rasch aufnehmen – nach Schulung und mit gezielten Stützungen;
- Zuwanderung zum Arbeitsmarkt wird gesteuert, durch Ermutigung der Zuwanderung von hoch Qualifizierten und Bildungswilligen, durch Verhinderung von Schwarzarbeit und Lohnunterbietung mit flexiblen Maßnahmen – etwa: reguliertes Billiglohn-Angebot durch Stützung über „Serviceschecks" und „Basislohn"-Ansätze.

Diese Ziele entsprechen den heute geplanten „Beschäftigungsoffensiven", gehen aber weit darüber hinaus. Zwei Schwerpunkte politischer Aktion sind dabei zu forcieren: die Ankurbelung der unternehmerischen Initiativen durch Förderung und Deregulierung – die Verhinderung eines Niedriglohn-Sektors durch regionale Binnenmarktförderung und Sozialprogramme.

Diese Strategien lassen sich überall verfolgen. Doch als Regionalkonzept für den Großraum Wien haben sie besonders günstige Realisierungschancen. Die Region kann durch ihre Lebensqualität wie ihre zentrale Lage in Europa hochqualifizierte Leute und Firmen anziehen und halten. Wien hat eine Tradition eigenständiger Sozialpolitik, die eine autonome Steuerung und Stützung des Binnenmarkts und des lokalen Arbeitsmarkts erleichtert. Wien hat weltweit genug Prestige, um auf dem Weltmarkt mit besseren Chancen auftreten zu können. Nur ein Handicap verfinstert dieses helle Bild: der notorische Pessimismus der Österreicher, die Kultur des „Raunzens".

Die VISION hat ein sehr hohes ökologisches Ziel: die drastische Senkung des Ressourcen- und Energieverbrauchs in der Region – und das auch in der Güterproduktion – nach dem Programm von FAKTOR 10. Daher soll das Regionalprodukt nicht nur dem Ziel einer Hochlohnregion dienen, sondern genauso der ökologischen Nachhaltigkeit.

FUTURE-FICTION INTERVIEW 1: Diana Dinkel, 58 Jahre, Leiterin einer Beratungsfirma für biologische Raumgestaltung

FF (Future Fiction-Reporter): Das Interview betrifft die heutigen Lebensverhältnisse, insbesondere Einkommen und Auskommen, im Vergleich zum Jahr 1998, als der Euro eingeführt wurde. Frau Dinkel, wieviel Einkommen haben Sie heute gegenüber damals vor 30 Jahren?

DD: Warten Sie, ich drucke das schnell aus meinem Bankkonto aus. Dann kann ich es Ihnen sagen.

Die Quote des Basistransfers kennen Sie ja, die ist hier in der Region so, daß ich davon gerade mit den fixen Zahlungen durchkäme. Das wird ungefähr dem entsprechen, was ich in meinem ersten Beruf, als Sportlehrerin, verdient habe, damals nach meinem ersten Studium. Im Beruf verdiene ich derzeit sehr gut, nominell das Doppelte von damals, aber mit reduzierter flexibler Arbeitszeit. Doch die Beteiligung hat mir im Vorjahr fast genau so viel gebracht. Der Umsatz wächst. Wir beraten viele Reurbanisierungen in den alten Vorstädten, wie die Großfeldsiedlung, und biologisieren die postmoderne Architektur für das Teleworking – Sie wissen ja, die damaligen „Schlafstädte".

Ich bin zudem Kindergarten-Spezialistin, Funktionärin in der Aktion „Kind und Pflanze", phytophile Erziehung. Alles zusammen habe ich etwa fünfmal so viel Einkommen wie vor 30 Jahren.

FF: Das wäre eine Wachstumsrate von fünfeinhalb Prozent.

DD: So können Sie das nicht rechnen, mit einer einfachen Exponentialfunktion. Dem käme eine Sättigungskurve eher nahe. Die ersten zehn Jahre ist mein Einkommen langsam gewachsen. Die Firma mußten wir erst aufbauen. Dann hatte ich noch das zweite Kind. Erst nachher kam der finanzielle Erfolg, da habe ich dann zeitweise mehr verdient als heute. Jedenfalls war da der steile Anstieg in der S-Kurve. Da habe ich auch noch ein Fernstudium gemacht – und Seminare geleitet. Jetzt gebe ich mir mehr Zeit, bin auch stärker spezialisiert. Meine Einkommensentwicklung hat sich abgeflacht.

Vielleicht gibt es aber einen zweiten Schub. Im neuen „Arbeitswohnen" der Landleben-Bewegung schätzt man meine lange Erfahrung in der Kindergarten-Forschung sehr.

FF: Wo stehen Sie mit diesem Wohlstand, also mit Ihrem Einkommen und Ihrem Besitz in der gesellschaftlichen Pyramide?

DD: Was meinen Sie mit Wohlstand? In der Einkommensverteilung oder in der Lebensqualität?

FF: Rein ökonomisch.

DD: In der Welt gehört diese Region ins oberste Dezil, so bei 94 Prozent in der Verteilung über alle Regionen. Es gibt schon noch reichere Regionen. In der Region bin ich auch vergleichsweise gut situiert, nach meinem Wissen am oberen Rand des zweiten Quartals, da wird es 70 Prozent mit geringeren Einkommen geben. Ganz schlecht war ich schon vor 30 Jahren nicht daran.

Ich bin mir schon bewußt, daß ich in der Welt zu den obersten fünf Prozent in der Einkommenspyramide gehöre. Das verdanke ich aber großteils der Gnade der Geburt, hier auf die Welt gekommen zu sein.

FF: Sie geben aber auch viel von ihrem Einkommen weiter. Sozial, ökologisch. Wie sieht das bei Ihnen aus, Frau Dinkel.

DD: Die Pflichtteile machen bei mir fast die Hälfte des Einkommens aus, unsere Region läßt sich ihren Ruhm als Pionier schon etwas kosten. Doch da hab' ich mit abgestimmt und bin dafür. Schließlich bekomme ich da beruflich einiges zurück, über die Bioförderungen.

Aber mit den freiwilligen Beiträgen bin ich nicht gar so groß. Natürlich, Mitglied bin ich schon bei den wichtigsten NGOs für die Ökologie und die Biotherapien, aber im Sozialen, da gehöre ich eher zu den Liberalen – ein bißchen natürliche Selektion muß der Mensch schon aushalten. Mir scheint da der Basistransfer genug, damit kann man schon leben. Jeden sozialen Absturz soll man nicht auffangen. Wozu haben wir das Empowerment!

Vielleicht bin ich da etwas weniger sozial, weil ich eine Mutter bin von zwei Kindern. Und ich habe sie neben dem Beruf erzogen. Zu sehr ordentlichen und prachtvollen Menschen. Da sage ich mir, habe ich auch etwas für das Gemeinwohl geleistet. So unbescheiden ist es dann nicht, zwei Wohnungen zu haben, mit meinem Partner. Auch von meinem Beruf her macht das Sinn: Stadt und Land, beide biologisch und ökologisch vorbildlich.

FF: Wie geben Sie das Geld fürs Private aus? Die Wohnungen stehen da wohl vorn.

DD: Nicht mehr. Die sind ausfinanziert. Was ich da hineinstecke, an Gestaltung, an Pflanzen, das ist reiner Luxus. Steht aber im Budget weit hinter den Posten Gesundheit und Fitneß.

FF: Gehört zu dem Posten Gesundheit auch Sport und ein Erholungsurlaub?

DD: Sauna, Stretching, Körpertherapie, Badekuren, ja. Aber die Reisen nicht – wenn Sie das mit Urlaub meinen. Die Reisen zählen unter Bildung, auch berufliche Weiterbildung. Kaum mehr zur Erholung heute – da ist das Reisen zu teuer geworden. Und am besten erhole ich mich doch hier. Im Garten. An der Donau. Oder in einem Kurhotel bei einer Gesundheitswoche. Mit meiner Tochter habe ich vor drei Jahren eine Qigong-Reise nach China gemacht, die habe ich zur Hälfte auf das Gesundheitskonto markiert, ich hatte aber auch berufliche Kontakte, klar – für die Gesundheit allein hätte ich mir das nicht geleistet. China ist teuer geworden, kein Vergleich mit früher.

Sonst ist aber auch vieles sehr teuer geworden. Bei den Anschaffungen. Sogar bei der Bekleidung. Und beim Spielzeug. Enorm. Auto habe ich ja keines mehr. Seit die Bahn ausgebaut ist, brauche ich es nicht mehr. Die Tochter ja, weil sie sich ein slowakisches Nest als Wohnsitz einbildet. Mit dem Teleworking geht es ja. Aber sie muß doch zweimal in der Woche nach Wien.

FF: Kaufen Sie sehr bewußt ein, nach ökologischen Kriterien? Und wieviel von ihrem Einkommen opfern Sie da sozusagen für etwas, was nicht direkt dem eigenen Konsum dient?

DD: Was heißt bewußt. Mit den Faktor-10-Preisen ist einfach alles teurer geworden, wenn man noch ein wenig traditionell lebt – und nicht nach dem komischen Stil der Total-Recyclers mit ihren Permanent-Kleidern und Minihäusern. Alles Nano und Mini, da mach' ich nicht mehr mit. Da zahle ich lieber Entsorgungstaxen. Ich arbeite ja auch noch genug.

FF: Haben Sie immer Arbeit gefunden – waren Sie nie arbeitslos, Frau Dinkel?

DD: Krank war ich nie, länger. Ich habe schon vor dreißig Jahren mit dem Präventivprogramm „Botschaft des Körpers" begonnen. Da paß ich auf. Nach der Geburt der Kinder war ich auch nicht sehr lange in Karenz. Beim Fernstudium habe ich zweimal drei Monate Sabbatical gemacht, Erfahrungsaufenthalte.

Nur vom Basistransfer habe ich nie gelebt. Oder Home-Service gemacht (Lacht.) So schwach bin ich nicht. Ich brauche ja nicht einmal Empowerment.

FF: Und wann wollen Sie in Pension gehen? Wie stehen Sie dann finanziell da?

DD: Bei uns, in der Wien-Region, gibt es nur mehr wenige neue Pensionäre. Wir haben einen so hohen Basistransfer und so viele Soft-Jobs und Know-how-Jobs, daß man aktiv sein kann, solange man fit genug ist. Auf Altersvorsorge sind eigentlich nur die Externen aus, die einen Lebensabend in ihrer Heimat verbringen wollen – und die auch viel weniger regionalen Basistransfer haben. Die sparen, um in ihr türkisches Dorf oder in ihre Loft in London zurückkehren zu können.

Mir genügt die Basisversicherung. Und ich habe ja auch noch zwei wertvolle Wohnungen – und Anteile an der Firma. Ich kann noch zwanzig Jahre gut so leben wie jetzt, vielleicht mit ein bißchen mehr Gesundheitswochen und Kulturreisen. Das hängt auch von meinem Partner und den Kindern ab. Ich habe ein sehr gutes Leben und ich bin sehr dankbar für dieses Leben.

FF:Wenn Sie Ihr jetziges Leben mit dem vor dreißig Jahren vergleichen – als der Euro eingeführt wurde -, wie geht es Ihnen da? Materiell und seelisch?

DD: Materiell geht es uns allen hier mindestens doppelt so gut. Damals richtete ich gerade meine erste ganz eigene Wohnung ein. Mühsam. Die Tochter, die Arbeit. Ich war oft sehr angespannt, überfordert. Obwohl ich schon damals nicht ganz schlecht verdiente.

Heute bin ich seelisch völlig im Gleichgewicht, sehr gesund und fit. Die Passionen der Jugend hat man in meinem Alter hinter sich. Die Verluste des Alters, der Tod guter Freunde, die Alterswehwehchen sind noch weit weg. Irgendwie fühle ich mich auf dem Gipfel des Lebens, besser gesagt, auf der Hochfläche. Mit sechzig beginnt das Leben.

Materiell? Wissen Sie, manchmal denke ich schon: mit diesem Erfolg, den ich beruflich erzielt habe, wäre ich in früheren Zeiten richtig reich geworden, mit viel mehr Besitz, viel mehr Schmuck und Kleidern und einem großen Wagen und einer Schar junger Verehrer. Ein bißchen habe ich davon schon geträumt vor dreißig Jahren. Damals wurde einem das auch noch eingeimpft in den Filmen und Illustrierten.

Die Therapie hat mir schon klar gemacht, wie kindisch abhängig das war. Und meine Kinder lachen mich aus, wenn ich davon schwärme. Aber ganz läßt sich das Inprinting der Jugend nicht löschen. Wir haben es heute sehr gut und unsere Region ist ein Paradies. Aber wir verzichten auf manchen Luxus, den man schon gerne hätte, damit es so gut ist.

FF: Und Sie ärgern sich darüber, Diana Dinkel?

DD: Nein, ich ärgere mich darüber nicht. Ich bin stolz darauf. Wir sind Pioniere und Vorbild. Ich habe selbst für das Öko-Programm gestimmt. Aber ein bißchen jammern wird man in Wien doch noch dürfen.

Gesundheit

Gesundheit wird selten als regionales Planziel betrachtet. Die private Verantwortung steht hier im Vordergrund des Denkens, viele Menschen betrachten auch heute noch – in einer modernen Gesellschaft – Gesundheit als eine Glücksgabe der Natur.

Dafür gibt es gute Gründe, psychologische und soziologische. Sich selbst die Schuld an Körperversagen und Schmerzen zuzuschreiben, verschlimmert nur das Übel: Die Übersteigerung eines schlechten Gewissens schadet in unserer Zeit schon genug, in der um sich greifenden Magersucht (Anorexie und Bulimie) der jungen – und nicht mehr so jungen – Frauen, in den Streßkrankheiten und psychosomatischen Beschwerden der vielen, die sich selbst überfordern. Gesundheit braucht Gelassenheit – und Schuldgefühle sind deren Feind. Gesundheit als Bürgerpflicht einzufordern ist kontraproduktiv.

Noch weniger geht es, sie als Wahlversprechen und Wachstumsziel zur festen Pflicht der Verwaltung und Politik zu machen. Geld im Krankheitsfall, Spitalsbetten für jeden Bedarf, Vorsorge und Pflege kann die Gesellschaft bieten, jedem einzelnen letztlich – aber Leidensfreiheit und Fitneß nicht.

Doch statistisch gesehen, ist der allgemeine Gesundheitszustand ein gutes Maß – eigentlich das wesentlichste Maß – für den Erfolg einer demokratischen Gesellschaft. Denn gesund möchte jeder sein, mehr noch als wohlhabend oder gut gebildet. Daher erscheint es für eine moderne regionale Vision angebracht, bewußt das Niveau und die Verteilung von Gesundheit zu erfassen und dafür Wachstumsraten als Ziele vorzugeben.

Die geteilte Zuständigkeit für die Gesundheit wird in dem vorliegenden Modell der VISION durch eine Dreiteilung der Ziele ausgedrückt: für die Lebensverlängerung ist vor allem die Medizin mit Ärzten, Spitälern und Medikamenten zuständig, für die Vermeidung von krankmachenden Verhältnissen in Arbeit und Alltag sollten gesunde Lebensverhältnisse sorgen (im Aufgabenfeld der Politik) und für einen hohen Stand an Lebenskraft und „Fitneß" braucht es neben gesellschaftlichen Angeboten zur Selbstvorsorge und einer umfassenden Gesundheitserziehung auch persönliches Engagement und eine „gesunde" Lebensführung (in Ernährung, Sportlichkeit, Körperfreundlichkeit).

Die VISION braucht dazu konkrete Ziele, die auch objektiv faßbar sind.

Gesundheitsziele regional:

• Hoher Standard der kurativen Privatmedizin und der Pflegeleistungen – und damit Verhinderung des vorzeitigen Gesundheitsverlustes und Sterbens durch Infektionen und Akuterkrankungen. (LEBENSVERLÄNGERUNG)

• geringe Belastung durch Umweltschäden, schlechte Wohnverhältnisse, Streß, Unfälle, soziale Isolation, Angst – und damit Verhinderung von Streßkrankheiten und psychosomatischen Leiden. (LEIDENSMINDERUNG)

• gesunde Lebensführung durch Körperkultur, Psychotherapie, reiches Gemeinschaftsleben und effektive Erziehung zu positiver Lebensbewältigung (Selbstentfaltung und „Empowerment") und Suchtfreiheit – und damit hohes Niveau an physischer und psychischer Fitneß. (FITNESS)

Tabelle 1 Gesundheit nach Makro-Zielen

alle Indikatoren positiv auf „Gesundheit" kalibriert	derzeit	in 30 Jahren
LEBENSERHALTUNG: Sterbefälle, Spitalsaufenthalte	100	160
LEIDENSMINDERUNG: psychosomatische Beschwerden Krankenstände, Unfälle	100	200
FITNESS: Süchtigkeiten, Bewegungsmangel	100	300
TOTAL	100	220

GESUNDHEIT: Aufwand-Zuwachs nach Makrozielen

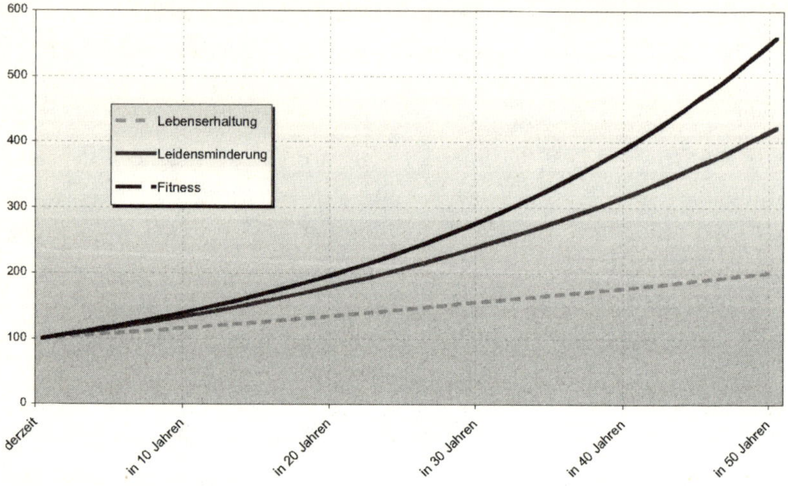

BOAS - Büro für die Organisation angewandter Sozialforschung

Eine realistische VISION kann am stärksten auf der FITNESS-Steigerung aufbauen, auf eine Zunahme gesunder Lebensführung durch das höhere Bildungsniveau, die gesündere Arbeit. Fördernde Maßnahmen aus Mitteln des Gemeinwohls sind hier besonders zu erwarten, da es sich um allgemein gewünschte Verbesserungen handelt und viel an freiwilliger Finanzierung über NGOs (Vereine, Schulen) mobilisiert werden kann.

Schwerer ist es, die LEBENSVERLÄNGERUNG noch zu steigern, doch ist hier vor allem ein Akzent im mittleren Lebensalter zu setzen (Krebs, AIDS, Streßkrankheiten).

Neue Ansätze zur LEIDENSMINDERUNG durch frühe Therapie bei psychosomatischen Beschwerden und die Verhütung von schädigenden Sport- und Freizeitunfällen versprechen mehr.

Die Verbesserung der Gesundheit von Senioren muß stark auf Pflege und kurative Medizin setzen. Aber auch die lebenslange Sozialisation zu einer gesünderen Lebensführung muß sich – in 30 Jahren – schon auswirken.

Ein gesunder Geist und ein gesunder Körper gehören zusammen. In der VISION wird es in 30 Jahren zu einer starken Zunahme des „Wellness"-Marktes kommen: Psychotherapien, Massage, Badekultur, Gesundheitssport, Selbsthilfegruppen für psychosomatisch Überempfindliche und chronisch Leidende, Heilgymnastik, Drogenprävention, Bioprodukte und Biorestaurants. Fast die gesamte herbale Agrarproduktion wird auf Gesundheit und Umweltpflege umgestellt sein, um im Weltmarkt konkurrenzfähig zu sein. Die Gesundheitskosten werden sich mehr und mehr von der kurativen Medizin zur Gesundheitsvorsorge verlagern. Ein großer neuer Arbeitsmarkt entsteht.

FUTURE FICTION INTERVIEW 2: Anita Amperle, 89, Blumenmalerin

FF: Frau Amperle, Sie repräsentieren den Typ der aktiven Senioren. Sie malen sogar noch ihre charakteristischen Blumenbilder – und verkaufen sie auch noch.

AA: Nein, ich verkaufe fast nicht mehr. Ich schenke sie her. Wenn sie verkauft werden, ist das für die Selbsthilfegruppen.

FF: Das ist schön. Jedenfalls sind Sie noch sehr aktiv. Wie steht es bei Ihnen mit der Gesundheit? Uns geht es auch um den Vergleich mit früher, vor 30 Jahren – als der Euro eingeführt wurde, wenn Sie sich noch erinnern.

AA: Jaja, das ist lange her. Da habe ich noch Angst vor den Therapien gehabt, vor dem Empowerment – und überhaupt vor Krankheiten. Die Botschaften des Körpers, das alles war damals noch nicht im TV zu sehen.

Gesund war ich aber eigentlich immer. Viel in der Natur, mit offenen Augen, gute Freundschaften, das hat mir schon immer geholfen. Nur zu den Vorsorgeuntersuchungen bin ich nie gegangen, damals.

Heute geht es mir besser. Für mein Alter ganz ausgezeichnet. Bergauf gehe ich schon recht langsam, mit dem Atem, aber ich mache beim Alterswandern noch immer mit. Auf Knochen und Gelenken bin ich vorsichtig. Aber das Schwimmen hält mich fit. Mit dem Kreislauf kann ich wirklich zufrieden sein, ich gehe immer noch in die

Sauna – wenn ich auch nicht mehr so appetitlich zum Anschauen bin, mit fast neunzig.

Und ich kann gut schlafen. Das war nicht immer so. Vor der Therapie bin ich oft erst lang nach Mitternacht eingeschlafen.

FF: Was haben Sie jetzt an Therapien, Behandlungen? Nehmen Sie Medikamente?

AA: Medikamente – meinen Sie die starken oder die sanften, na, die homöopathischen meine ich oder die Gesundheitsmittel, Hautcremen und Lotionen, die Stärkungsmittel?

Na, viel nehme ich von dem. Das ergibt sich schon, wenn man in drei Selbsthilfegruppen aktiv ist. Da macht man Versuche mit, aber natürlich nicht nur mit den Mitteln. Das Wichtigste ist, daß man richtig lebt.

Einzeltherapien macht man jetzt nicht mehr so viel. Ich auch nicht. Das hat mir in den Lebenskrisen sehr geholfen, bei meinen Stimmungen. Ich habe zu starke Gefühle, bis heute. Als mein Mann gestorben ist vor fünf Jahren, war das wieder da – die Schilddrüse. Da habe ich mich dann ganz auf die Selbsthilfegruppen konzentriert. Das ist auch finanziell sehr günstig, aufs Geld schaue ich noch immer – auch wenn ich das heute nicht mehr muß. Für Kinder und Enkel halt.

FF: Wenn man so alt ist wie Sie, Frau Amperle, da verliert man dann doch manchmal Weggefährten des Lebens, Nahestehende. Und der eigene Lebenshorizont – wie empfinden Sie das?

AA: Der Horizont, der ist nicht mehr weit. Aber ein paar Jährchen wird es schon noch gehen. Man hört jetzt immer mehr von Hundertjährigen. Sogar hundertzehn werden schon manche. Im Fernsehen war eine so alte Frau, die hat noch gut ausgesehen. In „Sex bis hundert", das schaue ich mir immer an. Man hat schon noch Gefühle.

Aber es ist schwer, neue Freunde zu finden, da haben Sie recht. Zum Glück leben noch viele, so im Kreis der Achtziger, da sind wir recht lustig.

Und dann habe ich die Selbsthilfegruppen, im Empowerment-Programm. Da lernt man auch Jüngere kennen und freundet sich an. Und man wird auch als Ältere sehr geachtet, gerade weil man Erfahrungen mitbringt. Gesundheit ist heutzutage ja das ganz große Thema, mit den neuen Krankheiten und dem Streß, den die Jüngeren haben. Da ist man schon ein bißchen ein Vorbild, wenn man in meinem Alter noch so fit unterwegs ist.

FF: Eine letzte Frage, Frau Amperle: wenn Sie nun so zurückblicken auf die letzten dreißig Jahre – sind da die Menschen gesünder geworden? Wie sehr, wie würden Sie das ausdrücken?

AA: Die Menschen? Schauen Sie, der Mensch – gesünder als gesund kann er nicht sein. Das ist wie bei den Blumen: sie sind alle schön, solange sie nicht krank, geknickt, verwelkt sind.

Wie ein achtsamer Gärtner einen Baum stützt, dem der Sturm zugesetzt hat, wie man den Pflanzen Stangen gibt, an denen sie sich hochranken können – oder nehmen Sie ruhig auch noch die Spritzmittel dazu, wenn sie notwendig sind –, so hilft die Medizin dem Menschen, länger gesund zu sein. Doch mehr als gesund gibt es nicht.

Wir haben das auch besprochen unter uns, in der Gruppe. Die meisten würden ohne Medizin und Therapie heute nicht mehr leben, wenn es so wäre wie früher. Und krank war man auch viel mehr. Das zeigen alle Zahlen. Und schauen Sie die Jüngeren an, die mit fünfzig und sechzig. Früher waren sie fett, jetzt sind sie fit. Das ist ja eine andere Rasse. Ich hab auch noch mit fünfzig gefastet wie verrückt und bin mir häßlich vorgekommen.

Es hat schon früher auch gesunde und kraftvolle Menschen gegeben, immer. Aber so lange und so gut gelebt wie heute, hier bei uns, hat man noch nie. In den letzten dreißig Jahren. Das war – wie heißt jetzt diese Sendung? – ja, ein Quantenhupfer.

Bildung und Forschung

Die VISION sieht Bildung nicht als Schulbildung. Bildung beginnt im Mutterleib und umfaßt alles an Kultur, Werten, Ideen, Zielen, an psychischen Reaktionsmustern, das einen Menschen formt: stärker in der Kindheit und Jugend, doch in einer dynamischen Gesellschaft lebenslang. Eine Dreiteilung wird angenommen: Bildung für Arbeit und Beruf, Bildung für die Persönlichkeitsentwicklung, Bildung für die Wirkung in der Gesellschaft.

Gleichzeitig sind das die drei großen Ziele für die VISION:

• Bildung als berufliche Qualifikation – um für die Hochlohn-Entwicklung zu befähigen und die Niedriglohn-Gruppen zu minimieren, das allgemeine, kulturelle Wissen unter Einbeziehung der Arbeitsweltpraxis zu vergrößern. Bildung als Selbstentfaltung – zur direkten Erhöhung der Lebensqualität durch Befähigung zu einem reichen kulturellen und sozialen Leben, durch Erziehung zu aktiver wie positiver Teilnahme an Kunst, Sport, Hobbys, Politik und Gesellschaft.

• Bildung zu sozialer und ökologischer Ethik – als Grundlage für die offene Gesellschaft und die partizipative Demokratie.

Die drei Bestandteile von Bildung lassen sich nur schwer nach offiziell anerkannten „Bildungsgängen" („Karrieren") trennen – unterrichtet wird in allen drei Bereichen, noch mehr aber informell erzogen und selbst gelernt. Daher sind auch für die Bewertung und den statistischen Vergleich Indikatoren vorgeschlagen, die das Resultat von Bildung erfassen, nicht den Vorgang oder die Finanzierung.

Bildung und Wissenschaftsaktivitäten (Forschung) sind zentral für die Vision: Sie sind die beiden wichtigsten Faktoren für Wohlstand und Umweltverbesserung. Sie schaffen allgemeinen Reichtum und gleichzeitig Gemeinwohlethik – wenn das Demokratieniveau hoch genug für eine breite Wohlstandsverteilung und für massive Gemeinwohlbeiträge ist.

Dieses Bildungsmodell enthält eine wissenschaftlich begründete Philosophie.

Die Leistungsfähigkeit einer Gesellschaft hängt von der Bildung ab; alle Gesellschaften an der Spitze der Evolution waren und sind in ihrem Bildungssystem besonders hoch entwickelt – das antike Griechenland der Philosophen, das China der Mandarine, die europäische Neuzeit des Buchdrucks – und heute ist diese Verbindung von „Brain Power" und politisch-wirtschaftlichem Erfolg noch eindrucksvoller geworden. Die VISION einer reichen Region beruht auf einem stetig steigenden Bildungsniveau in der beruflichen Qualifikation. In fünfzig Jahren, also etwa zwei Generationen, sollen zwei Drittel der Erwachsenen die Maturareife haben, 25 Prozent einen akademischen Abschluß.

Doch noch ehrgeiziger ist das Ziel bei der Anhebung der persönlichen und der sozial-ökologischen Bildung. Es sollen praktisch alle Bewohner der Region Lehrgänge oder Kurse in Theorie und Praxis der gesunden Lebensführung, des Umweltschutzes und der gesellschaftlichen Teilnahme und Anteilnahme genießen können. Das soll Teil der Schul- und Berufsbildung sein, doch noch mehr ein Bestandteil des lebensbegleitenden Lernens in Vereinen und Klubs, in der Funktionärsschulung, in Bildungsurlauben, insbesondere auch verbunden mit der Gesundheitspflege vom Kindergarten an bis zu den Seniorenhotels. Ein Teil des „Hochlohns" könnte durch attraktive Angebote von geförderten Bildungsurlauben („Bildungsfreistellung", „Sabbaticals") in die „Öko-Bildung" fließen.

Ohne tiefgreifenden „Wertewandel" zu einem auf Lebensfreude, soziale Teilnahme und umweltbewußten „Heimatliebe" beruhenden Bewußtsein bleibt die VISION eine bloße Utopie.

Doch man kann es auch anders sehen. In modernen Wiener Stadtteilen und in begünstigten Orten des Ballungsraumes sind die Bildungsziele der VISION schon fast erreicht, in den Anteilen der „Bildungsschicht" und auch in der ökologischen Gesinnung – wenn es auch an dem dazugehörigen Ausbildungsstand noch weit fehlt. Auf europäischer Ebene werden schon heute „learning cities" („villes educatives") propagiert und allmählich eingerichtet, morgen aber „learning regions". „Brain power" heißt das neue Rezept zum ökonomischen Erfolg. Die Ziele dieses Modells erscheinen dann sehr plausibel, vielleicht sogar bescheiden. Auch die nötigen Wachstumsraten wirken auf den ersten Blick wenig beeindruckend, kaum so dynamisch wie das Wachstum der expansiven Wirtschaftszweige.

Aber Bildung ist, wenn man darunter nicht bloß kleine Pakete von Informationsinput versteht – ein langwieriger Prozeß. Vom Kindergarten bis zur fertigen Berufsausbildung dauert es fünfzehn bis fünfundzwanzig Jahre. Ein Nachholen ist hier nur beschränkt möglich, gehört aber zum Programm der VISION: Berufsreife im zweiten Bildungsweg, Fachhochschulen und Studiengänge (etwa in Kooperation von Universitäten, Fernuniversitäten, Volkshochschulen).

BILDUNG / FORSCHUNG: Niveau der schulischen Bildung (Qualifikation) in der Bevölkerung

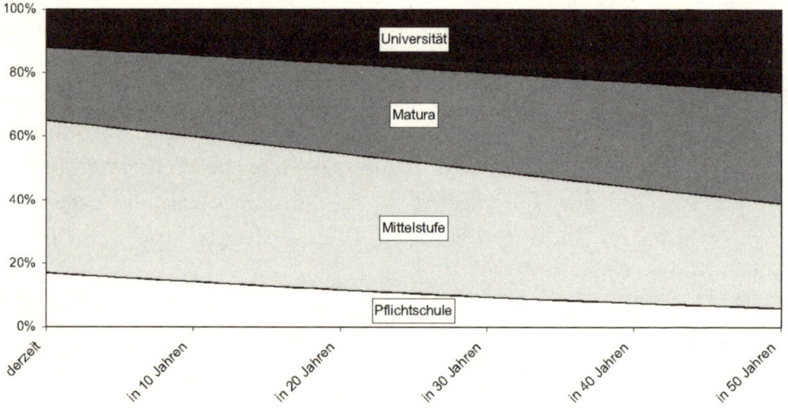

BOAS - Büro für die Organisation angewandter Sozialforschung

Die Wachstumsraten im Bildungsniveau der Arbeitsbevölkerung sollen in erster Linie durch die nachrückenden Jahrgänge und die gleichzeitigen Abgänge in die Pensionierung verändert werden.

Die Veränderung innerhalb eines Jahres umfaßt dabei nicht mehr als 3 Prozent der Arbeitsbevölkerung. Der für die Hochlohnvision nötige Bildungszuwachs an den Universitäten ist daher durch die Expansion der Universitätsausbildung unter den nachrückenden Jahrgängen allein kaum zu decken, die zusätzliche Attraktion von Hochqualifizierten (Zuwanderung und zweiter Bildungsweg) erscheint notwendig und auch plausibel, wenn man den postulierten Zuwachs an Wissenschaft und Forschung sowie die Verschiebung zum Hochlohnsektor in Betracht zieht.

BILDUNGSZIELE: individueller Zeitaufwand für Bildung in Prozent „wacher“ Lebenszeit ab 3 Jahre
(ohne Berücksichtigung der Verlängerung der Lebenszeit)

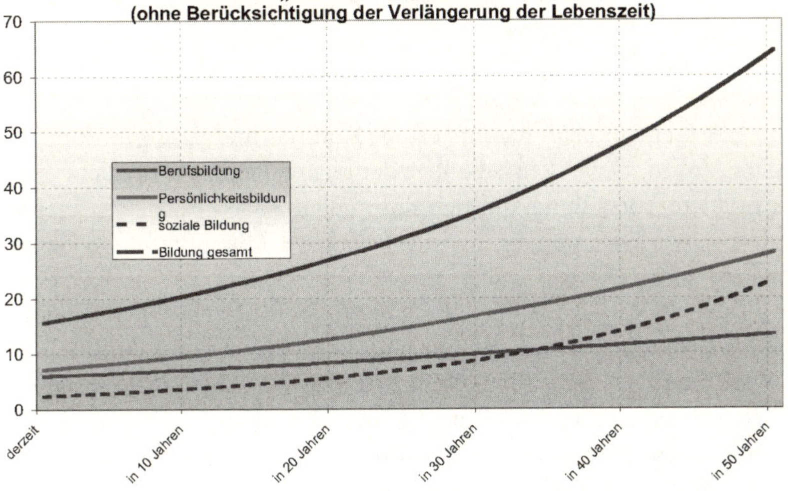

BOAS - Büro für die Organisation angewandter Sozialforschung

Hand in Hand mit der Bildungsexpansion sieht die VISION eine Forschungsinitiative voraus, die über die derzeitigen Impulse hinausgeht.

Allerdings kann dabei angenommen werden, daß die Ankurbelung der Wirtschaft durch die bestehende Dynamik, unterstützt von einem regionalen Optimismus, der Forschung Antrieb und Auftrieb gibt. Es können dabei Wachstumsraten von 2 bis 3 Prozent im öffentlich finanzierten Sektor und von mehr als 3 Prozent in der Wirtschaft als plausibel angenommen werden – wenn der selbstverstärkende Regelkreis von Optimismus, Hochlohn, Bildung, Forschung und Aufschwung einmal in Gang gekommen ist.

Das Bewußtsein für den Wert von Forschung ist in der Region noch sehr schwach entwickelt – die kulturelle Tradition legt das Hauptgewicht der öffentlichen Wertschätzung auf Kunst und Gestaltung, in der Wissenschaft auf wenige Paradefächer, wie Medizin und Humanwissenschaften. Faszination für einen weiten Bereich an Forschung wachzurufen, mit realistischen Akzenten, wird eine der Aufgaben bei der „Herstellung“ der Vision sein.

Kultur

Jede Gemeinschaft hat ihre eigene Kultur – und dazu gehört die eigene Vision. Daher kann die Idee der regionalen VISION nicht ohne eine klare Vorstellung von den kulturellen Zielen existieren. Das ist eine schwierige Aufgabe für die kollektive Phantasie einer Gesellschaft.

Zuerst stellt sich die Frage nach der Einheitlichkeit. Die Region des Bildungsraumes Wien kann nur multiethnisch und multikulturell gesehen werden. Das kann auch ihre Stärke sein. Diese Region hat die Chance, gleichzeitig „reich und grün”, aber auch „Vielfalt und Einheit” zu sein, „Völker-Babel und Walzertraum”. Das setzt eine spezifische „Wiener Kunst” in allen wesentlichen Kunstzweigen voraus, die sich durch ihre emotionale Ansprache über größte Differenzen in Sprache, Lebensstil, Religion und soziale Muster, auch über Einkommens- und Bildungsklassen hinwegsetzt.

So etwas gibt es heute eher in Resten als in Ansätzen, eher nostalgisch als zukunftsbezogen, eher mit einer Weltuntergangs-Vision als mit Optimismus.

Hierzu eine greifbare und „ergreifende” Vorstellung zu entwickeln, ist für die quantitative Modellierung des Realen mühsam, vielleicht unmöglich.

Es lassen sich jedoch einige Facetten einer regionalen Kultur auch mengenmäßig ausdrücken, als definierbare Größen, die aber eher als strukturelle Voraussetzungen und nicht als Qualitätsmaß der Kultur zu sehen sind.

- KULTURTOURISMUS: Ausmaß der Besuche in der Region von außerhalb (mit Gewichtung nach Entfernung von Nachbarschaftsregionen über EU zu außereuropäischen Herkünften) – als Indikator der regionalen Kulturqualität und Spezifität.
- AKTIVKULTUR: Ausmaß der aktiven Ausübung von künstle-

rischen und kulturell-kreativen Aktivitäten – professionell und nichtprofessionell (Hobbys, Freizeit) – als Indikator der regionalen Kulturintensität und der Identifikation der Bevölkerung mit der Kultur.

• KULTURKONSUM: Anteil der privaten und öffentlichen Ausgaben für Kunst und kulturelle Medien am Gesamtbudget.

Die Wachstumsraten für diese Kulturmanifestationen sollten höher liegen als die ökonomischen Wachstumsraten – etwa auf dem Niveau der Bildungswachstumsraten oder noch darüber: sie sind „leading indicators".

Mit der Kultur schließt sich der Kreis der ganzheitlichen Zusammenhänge, welche die VISION tragen. Ausgangspunkt ist der Aufbau von Hoffnung und Optimismus durch einen offenen Diskurs über die Chancen einer Region, die viele Vorteile für sich buchen kann. Der Optimismus kurbelt die Wirtschaft an, Forschung und Bildung werden mitgezogen zu einer langfristig-nachhaltigen Aufbaukonjunktur in Richtung auf eine ökologisch orientierte Wohlstandsgesellschaft mit vielfacher Bürgerpartizipation. Das alles hat sein Echo in Medien, Kunst und im Alltagsdialog bis hin zu den „Stammtischen", erhebt sich zu Begeisterung und Glaubensleben, schlägt sich nieder in Ironie, Sarkasmus und Widerstand – kurz: wird zur Kultur.

FUTURE FICTION INTERVIEW 3: Rudi Rube, 38, Nano-Techniker

FF: Das Thema unseres Interviews ist die Bildungserfahrung von Menschen in dieser Region in den letzten dreißig Jahren, Herr Doktor Diplomingenieur Rube.

RR: Bitte, keine Titel, die besagen doch heute nichts mehr. Vor fünfzig Jahren hätten Sie auch niemand Herr Maturant tituliert – und damals gab es nicht viel mehr Maturanten als heute Akademiker. Nicht einmal mehr die Kaffeehaus-Kellner benützen den Doktortitel als freundliche Anrede für Stammgäste.

FF: Bitte, Herr Rube. Sie sind Nano-Techniker, das ist ein ganz neuer Beruf. Wie würden Sie ihn, für unsere Leser, in einem Satz charakterisieren?

RR: Das informationsgelenkte Wachsenlassen von Molekülen zu gewünschten Formen, die Fabrikation mit minimalem Stoffeinsatz und ohne Abfall.

FF: Das ist sehr bescheiden ausgedrückt. Andere nennen es ein Wunder.

RR: Wunder ist etwas nur so lange, als man sich darüber wundert. Technik wird immer normal, wenn sie einmal da ist. Und so neu ist die Nanotechnik nicht, schon vor dreißig Jahren hat man darüber geschrieben und die ersten Ansätze dazu gehabt. Aber es stimmt, der Innovationszyklus beginnt erst jetzt.

FF: Sie sind auch erst jetzt aufgesprungen. Was haben Sie vorher gemacht, was haben Sie studiert? Darum soll ja unser Interview gehen.

RR: Um es kurz zu machen: angefangen hat es mit der Körperenergie, dann habe ich die Magnetfelder dazugenommen und die Strahlungsmessung – und das hat mich schließlich zu den Kraftfeldern auf dem Atom- und Molekularniveau geführt.

FF: Und wo haben Sie das alles studiert?

RR: Ein bißchen Medizin, das habe ich sein lassen, dann Physik und Elektrotechnik, daneben Biochemie – da habe ich dann noch eine Dissertation gemacht. Damit bin ich erst vor zwei Jahren fertig geworden. Das ergibt sich so, wenn man einfach immer ein bißchen etwas lernt. Lifelong Learning ist das Schlagwort.

FF: Sie haben daneben aber auch immer gearbeitet?

RR: Ja, meistens. Mit siebzehn habe ich mich so sehr für Magnetfelder interessiert, daß ich beinahe von zu Hause ausgerissen wäre, um bei einer amerikanischen Forschungsfirma, die Magnetfeldmessungen machten, Hilfsarbeiter zu werden. Da hat mich aber meine natürliche Feigheit erwischt, psychosomatisch, Migräne und Hautausschläge. Nach der Matura war ich wieder gesund – aber von der Medizinerei angesteckt. Da habe ich dann schon Arbeit und Studium verbunden, als Heilgehilfe und Arzthelfer.

Das habe ich dann immer so gehalten: Lernen und einschlägig ein bißchen jobben. Oder Beruf und einschlägig ein bißchen studieren.

Politisch war ich auch einschlägig engagiert, ökologisch, Elektrosmog und so – da konnte ich wirklich nützlich sein.

FF: Das heißt, Sie studieren jetzt seit der Matura. Wie lange ist das?

RR: Zwanzig Jahre – und jetzt gerade vielleicht am meisten.

FF: Wenn Sie diese zwanzig Jahre zurückblicken – wie war da das Verhältnis zwischen Arbeit und Lernen, in der aufgewendeten Zeit? Und auch in den Kosten?

RR: In der Zeit? Fifty-fifty. Ziemlich genau, schätze ich. Das entspricht auch den Empfehlungen der neuen Bildungskommission. Sozusagen dual. Aber man soll das ja eher als Einheit sehen. Integrales Lernen. Die Abwechslung macht Spaß. Und man lernt viel leichter, wenn man das Erlernte gleich gebrauchen kann.

In den Kosten? Sie wissen, integrales Lernen in Innovationsbereichen ist gut gefördert. Mein Bildungskonto habe ich gut genützt. Selbst bezahlt habe ich für das Studium wenig. Sicher, als Full-Time-Worker hätte ich mehr Geld heim getragen, aber nur mittelfristig. Mit mehr Qualifikation verdient man dann doch viel besser.

Bis ich dreißig war, habe ich schon ohne Luxus gelebt. Dann ist es steil bergauf gegangen. Das integrale duale Lernen ist sicher finanziell weit günstiger als das schnelle Einsteigen in einen Lebensberuf. Vor allem weit sicherer.

FF: Und wie können Sie ein so intensives Lern-Arbeits-Leben mit Familie und Hobbys vereinen?

RR: Gut. Sehr gut sogar. Sicher besser als mit einem normalen Vollberuf. Ich habe dabei viel Flexibilität. Und meine Partnerin studiert und arbeitet auch, ähnlich. Da kann man bei einem Kind auch leichter eine Karenzzeit einbauen, wenn beide ein bißchen zurückstecken, beim Lernen oder beim Beruf. Und bei der Kindererziehung ist das überhaupt ideal: da war doch erst das „Jahr der lernenden Familie", die „learning family" in der „learning region".

FF: Kann man da auch noch Hobbys haben, Sport betreiben?

RR: Natürlich. Die Hobbys fügen sich doch ins integrale Lernen ein. Die lernt man nach Ausgleichsbedarf und Zeitverfügbarkeit. Wenn ich Ihnen aufzähle, was ich da schon alles gelernt habe – und selten allein: Segeln, Reiten, Klettern, Mountain-Biking, Kinesiologie, In-Line-Skating, Tennis, Ski und Snowboard, Orientierungslauf. Im Künstlerischen: Malen, Blockflöte, Verseschmieden, Theaterspielen, Pantomime.

Das Lernen macht dabei am meisten Spaß. Man darf nur nicht zu ehrgeizig werden. Doch wenn man sein Selbstwertgefühl ohnedies zuerst aus der Arbeit an sich selbst bezieht, aus den Leistungen, die für andere auch etwas wert sind, dann wird man bei den Hobbys nicht nach Perfektion gieren. Gegen die Profis und die Animateure kommt man sowieso nie auf.

FF: Mit Ihren Qualifikationen haben Sie doch überall Chancen. Vielleicht sogar einmal anderswo mehr als hier in der Region. Würden Sie auch wegziehen? Haben Sie da Pläne?

RR: Ganz sicher kann man da nie sein. Aber wenn ich meinen Interessen hier halbwegs folgen kann, bleibe ich. Da würde ich im Einkommen auch ein Opfer bis zu fünfzig Prozent des Maximums in Kauf nehmen, in der beruflichen Tätigkeit vielleicht nur mehr zwanzig Prozent.

Warum? Wegen der Kultur, die hier geboten wird. Wien ist eben eine Musikstadt par excellence. Und auch die gesellschaftliche und politische Diskussion hat neuerdings ein Niveau erreicht, das sich mit Paris oder London vergleichen läßt. Mit der Internationalisierung, mit dem Zustrom guter Leute. Auch wenn man wenig Zeit hat, wie ich, zwei- dreimal im Monat nützt man doch die Gelegenheit, wirkliche Weltspitze in irgendeinem kulturellen Bereich zu genießen.

Und die Umweltqualität ist ja auch berühmt. Der Donaustrand im Sommer, der Neusiedlersee – ja, Schlittschuhlaufen habe ich auch noch probiert, auf der riesigen Eisfläche – , die Berge und der Wienerwald.

Das alles zählt schon viel. Und ich bin ja auch hier aufgewachsen und habe hier Verwandte und Freunde. Auf ein Erfahrungssemester würde ich schon wieder einmal gehen, wenn es sich lohnt. Aber wegziehen kaum.

FF: Nur mehr eine Frage: Was würden Sie als größte Veränderung in den letzten dreißig Jahren bezeichnen – im Bezug auf Bildung und Lernen?

RR: Die Flexibilisierung. Und damit die neue Einheit von Lernen, Arbeit, Freizeit und menschlichen Beziehungen. Das hat alle alten Rahmen gesprengt. Sicher, das fordert auch viel – und ein Teil der Leute kommt damit schlecht zurecht. Aber denen hilft man ja, mit dem Empowerment-Programm, mit einem so reichen Angebot an Bildung und Fitness-Hilfen, daß sich auch für die Benachteiligten die Chancen verbessert haben.

Die Flexibilisierung ,wie sie heute von der Sozialpartnerschaft reguliert ist, bietet ja der Wirtschaft wie den Berufstätigen ökonomische Vorteile – darüber gibt es nichts mehr zu diskutieren. Aber ich sehe darin noch mehr: die Flexibilisierung zusammen mit dem integralen Lernen ...

FF: Sie meinen damit das Nebeneinander von Arbeit und Studium?

RR: Auch, aber mehr: die Einheit von allem Lernen, in der Arbeit, die berufliche Weiterbildung, die Erwachsenenbildung, das Fernlernen und all das zusammen mit den Schulen und Universitäten. Daraus entsteht ein völlig neues Lebensmuster, eben ein flexibles, mobiles. Das ganze Leben wird zur stetigen Persönlichkeitsentwicklung.

Das hat auch die Beziehungsmuster verändert, die Partnerschaften, die Familien. Ich weiß schon, darüber klagen viele – das ist eine Revolution, die auch ihre Opfer fordert, die nicht in dreißig Jahren und nicht durch den Gesetzgeber zu bewältigen ist. Damit muß jeder selbst fertig werden.

Aber es ist eine Veränderung zum Besseren. Es gibt heute mehr Liebe in den Beziehungen und mehr Geist in Lernen und Arbeit. Mehr Liebe und mehr Geist, ja.

Umwelt

„Reich und grün" ist kürzeste Formel für die VISION. Damit ist signalisiert, daß die Umweltqualität der Region genau so wichtig ist wie der Wohlstand – und daß beide einander bedingen und verstärken.

Eine gesunde Umwelt trägt wesentlich zur Lebensqualität der Bevölkerung bei. Gesteigerter ökonomischer Wohlstand allein macht nicht glücklich, wenn man gleichzeitig im Müllberg versinkt, in den Autoabgasen erstickt oder gezwungen ist, Trinkwasser in Flaschen zu kaufen.

Umweltschutz bedeutet aber nicht den Rückfall in die Steinzeit. Vielmehr sind gerade die Bereiche der Erforschung und Produktion neuer Umwelttechnologien und der Erbringung von Beratungsdienstleistungen bedeutende Zukunftsmärkte. Darüber hinaus schafft die hohe Beschäftigungsintensität der Umweltbetreuung eine Vielzahl an hochqualifizierten Arbeitsplätzen in der Hochlohn-Gruppe und an Servicejobs. Außerdem zieht hohe Lebensqualität hochqualifizierte Leute und reiche Firmen an.

Die Umweltqualität soll einerseits für die Menschen sichtbar und andererseits für die Gesundheit langfristig relevant angehoben werden. Nach dem Motto „Tue Gutes und rede darüber" sollen ökologische Maßnahmen nicht versteckt vor sich gehen, sondern immer durch gleichzeitige Öffentlichkeitsarbeit zu Bewußtseinsänderung führen.

Makroziele für die Umwelt:

- Verringerung des Ressourcen- und Energiedurchsatzes (DECOUPLING)

- Entkoppelung des Energieverbrauchs vom Wirtschaftswachstum, Förderung der Umwelttechnologien, Entwicklung weg von der Modetrends unterworfenen Wegwerfgesellschaft hin zur Produktion langlebiger Produkte. Eine Ökologisierung des Ressourcensektors soll durch Verbrauchsverringerung erfolgen, und zwar auf der Nachfrageseite (Demand Side Management) und auf der Anbieterseite (Least Cost Planning). Gleichzeitig soll auch die Produktion durch innovative Technologien ökologisiert werden.

- Verbesserung der Luftqualität (IMMISSION-REDUCTION)

Beim Übernehmen einer Vorreiterrolle im Städtebündnis zur CO_2-Reduktion (Energy Contracting, neue Mobilitätsformen) spielt die Energienachfrage eine wichtige Rolle, ebenso wie der Verkehr. In diesen beiden Bereichen liegen die größten Gefahren, können aber auch die wesentlichsten Schritte zu einer Verbesserung unternommen werden.

- Ökologisierung der Landwirtschaft

Durch weniger energieintensive Landbaumethoden, geringeren Düngemittel- und Pestizideinsatz, längere Fruchtfolgen, Anpassung an die sich ändernden Ernährungsgewohnheiten soll die Landwirtschaft eine tiefgreifende ökologische und ökonomische Veränderung erfahren (die „zweite grüne Revolution").

- Erhaltung von geschütztem Grün- u. Erholungsraum (GREEN-PROTECTION)

Eine klare Trennung von Siedlungs- und Produktionsflächen einerseits und von Erholungsflächen andererseits soll die Erhaltung von naturnaher und naturbelassener Landschaft bei gleichzeitiger intensiver Nutzung der verbauten Flächen ermöglichen. Maßnahmen sind gezielte Flächenwidmung, Zulassen von Naturwüchsigkeit bis zur Entstehung von „neuen Urwäldern".

Umweltziele und Raumordnungsziele sind in der Realität und in der VISION eng verbunden und sollen gleichzeitig Wohlbefinden und Gesundheit („Wellness") hervorbringen. Dazu fordert die VISION ebenfalls ein Umdenken, vom Fundamentalismus über „Kapitalismus" zur Philosophie der nachhaltigen Lebensqualität.

Raumordnung / Besiedlung / Verkehr

In den Bereichen Bildung, Wirtschaft, Wohlstand und Umwelt kann die VISION stark auf selbstverstärkende Tendenzen bauen – wenn die „Ankurbelung" von Optimismus gelungen ist, der regionale „Aufstieg" einmal in Gang ist und eine gute EU-Konjunktur und die Osterweiterung der EU noch zusätzliche Impulse geben. Die Politik braucht dann nur mehr die Gemeinwohlakzente zu bestärken und das Ordnungssystem des Rechtsstaates sowie die Verwaltung stetig modern zu managen.

Politische Aktion ist hingegen erforderlich, soll die Region auch in der Raumordnung und im Verkehrssystem zur „ersten Adresse Europas" werden (um einen Slogan zu benützen, der gut in eine Werbelinie für die VISION passen könnte). Denn der Trend zur Zersiedelung des Ballungsraumes mit Einfamilienhäusern und die Zunahme des Individualverkehrs würde auch mit steigendem Wohlstand (Hochlohn-Standard) und sportlich-körperfreudiger Lebensweise erhalten bleiben – selbst bei hohem Umweltbewußtsein (durch ÖKO-BILDUNG). Das Beispiel der reichsten Wohlstandsballungsräume macht das deutlich.

Um aus diesem Circulus vitiosus auszubrechen, müssen die Politik (durch gezielte Besteuerung, Bau- und Raumordnungen, Wohnbauförderung, Tarifordnungen, Infrastrukturausbau) und das Bildungswesen (auch in der intensivierten Erwachsenenbildung) mit demokratischer Zustimmung „visionäre" Ziele verfolgen.

Es lassen sich dabei als Makro-Ziele anführen:

- Konzentration der urbanen (zentralörtlichen und den Verkehrsachsen folgenden) Besiedelung, mit starken Verdichtungen (Bahnstreckenüberbauung, Hügel- und Terrassenhäuser, Technik- und Kompetenzzentren) bei hoher Umweltqualität. (URBANITÄT)
- Entwicklung des ländlichen Siedlungsraumes zu Dorf oder Condominium (verdichtete Gartenstadt). (LAND-KULTUR)
- Zurückdrängung der „Zersiedelung" (Suburbanisierung) mit flächenfressenden Einfamilienhaussiedlungen. (LAND-RÜCKGEWINNUNG)
- Ausdehnung der „Naturräume" hoher biologischer Qualität; Naturschutzgebiete, gepflegte Landschaft (Wald, Weiden, Wiesen mit naturnaher Bewirtschaftung). (NATUR)
- Biologisierung der Agrarflächen.
(ÖKO-AGRAR statt TECHNO-AGRAR)
- Ausdehnung der intensiv genutzten Erholungsräume: städtisches Grünland, Gärten, Donauinsel. (GARTEN)
- Verschiebung des Verkehrs zu ökologisch sparsamen Formen –

öffentlicher (kollektiver) Verkehr – Verminderung des Individualverkehrs bzw. Verschiebung zu Fahrrad, Niedrigenergiefahrzeugen.

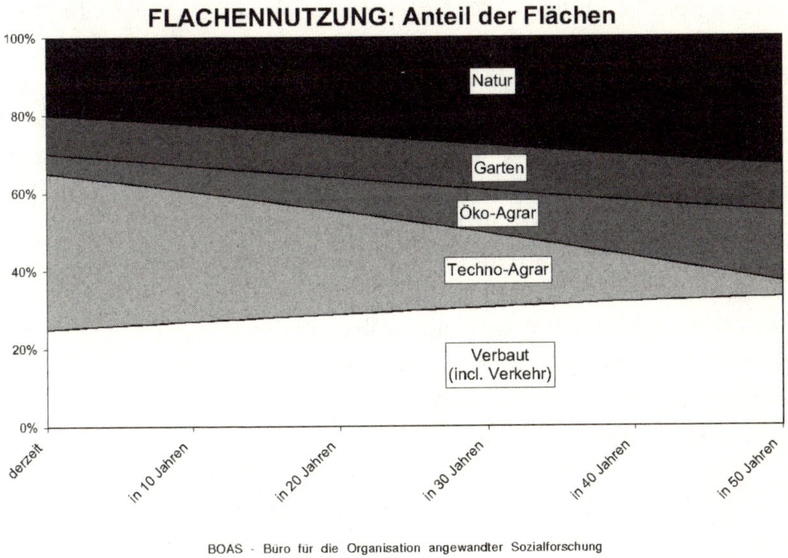

Die VISION einer Raumordnung, die bei wachsender Bevölkerung der Zersiedelung Einhalt gebietet, erscheint ehrgeizig – entspricht aber dem heute schon bestehenden Willen der verantwortungsvollen Planer und der Bevölkerung im Kollektiv. Die Gegenkräfte des herrschenden Trends rühren vom Egoismus des „häuselbauenden Säugetiers" Homo sapiens und vom Egoismus lokaler Kurzfrist-Nutzen-Maximierer. Man muß nicht erst mathematische Modelle der Spieltheorie mit dem Prisoner's Dilemma kalkulieren, um zu sehen: Die Egoismen sägen am Ast, auf dem sie sitzen – oder besser gesagt, es setzen sich so viele Egoisten auf den Ast, bis er bricht. Das ideale Haus im Grünen wird vom Traumparadies zur Hölle, wenn es kilometerweit umgeben ist von Zäunen, Straßen, frustrierten Nachbarn und die Bewohner jeden Tag im Autostau stecken läßt.

Die VISION setzt politischen Ordnungswillen voraus, der auf rationalem Konsens der demokratischen Mehrheiten beruht – durchaus plausibel in einer Region, die Traditionen der ökologischen Willensbildung und noch länger Traditionen der sozialen Partnerschaft aufweisen kann.

Dasselbe gilt für den Verkehr, der nach ähnlichen Grundsätzen des Gemeinwohls vom Egoismus des Individualverkehrs zum allgemeinen Nutzen eines komfortablen, effizienten und ökologisch günstigen öffentlichen Verkehrs umgekehrt werden soll. Die Konzentration der urbanen und ländlichen Siedlungen mit gutem Verkehrsanschluß ist Voraussetzung für diese Umgestaltung des Verkehrs – noch dazu eines Verkehrs, der diese Region in die EU und in die große Welt einbindet. Die Fernreisen müssen und sollen hier stark zunehmen. Auch wenn der Binnenverkehr teilweise eingespart und somit gebündelt wird, sieht die VISION die Region als großen globalen Verkehrsknotenpunkt mit einem ausgebauten Verkehrsnetz.

Für den Verkehr liegen viele sehr gut ausgearbeitete Prognosen vor. Diese Trends sind in den Verhaltensmustern begründet und von der wirtschaftlichen Entwicklung abhängig. Es stellt sich die Frage, wie rasch sich bestehende Muster verändern können: Wieviel Umlernen braucht es, das Auto aufzugeben oder es im Alltag in der Garage stehen zu lassen? Und wohin geht es in den Urlaub, wenn man nicht mehr mit dem Auto wegfährt – zu verlängerten Wochenenden mit der Bahn, zu Flugreisen in die weite Welt? Kann das urbane oder dörfliche Wohnen das Zweithaus ersetzen? Bringt die Telekommunikation mehr oder weniger Fernreisen?

Als sehr vage Ziele sind in die Vision Vorgaben eingesetzt, die den übergeordneten Zielen entsprechen: Weltoffenheit, internationale Verbundenheit, Wien als „erste Adresse“ im zentralen Europa – in der Region selbst aber Konzentration auf hohe Lebensqualität (zu der das Autofahren in der Stadt, selbst wenn der Stau nicht allgegenwärtig ist, sicher nicht gehört – auch nicht mit Handy und Disc-Player). Doch auch hier ist, wie bei der Bildung, mit den kulturellen Veränderungsraten zu rechnen – die von der menschlichen Lernfähigkeit und dem allmählichen Nachwachsen neuer Generationen abhängen. Politik kann die Voraussetzungen für die Verhaltensänderungen schaffen, die Infrastruktur bauen. Ändern müssen sich die Menschen, also „lernen". Und dazu gehört vor allem Motivation aus der Kultur.

RAUMORDNUNG: Raumnutzung durch Bewohner (100 = Einwohner Wien / NÖ / nördl. Burgenland derzeit)

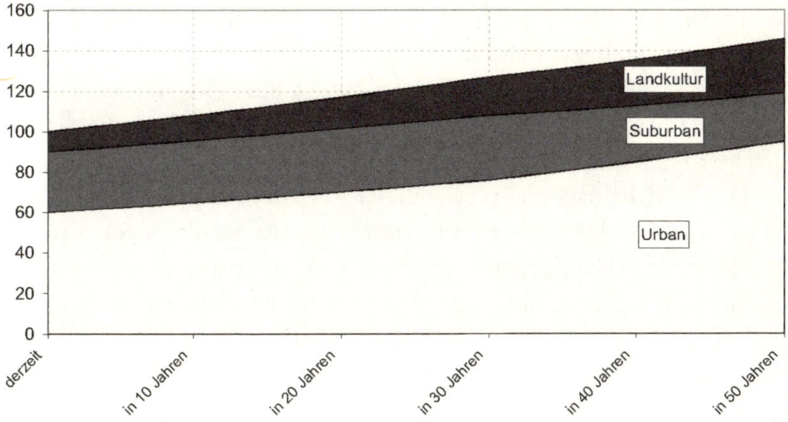

BOAS - Büro für die Organisation angewandter Sozialforschung

FUTURE FICTION INTERVIEW 4: Helge Helige, 65 Jahre alt, Spiritualistin

FF: Das Thema unseres Gesprächs mit Ihnen, Frau Helige, ist die Entwicklung von Umwelt und Infrastruktur in der Region seit 1998, dem Jahr, da der Euro eingeführt wurde. Sie sind so etwas wie eine führende Figur, manche nennen Sie einen weiblichen Guru der neuen Natürlichkeit -

HH: (lächelt kryptisch) Danke für die Blumen. Aber bleiben wir sachlich. Was sind Ihre Fragen?

FF: Vielleicht doch etwas zur Einführung. Man weiß von Ihnen nicht sehr viel. Sie umgeben sich mit Geheimnissen.

HH: Aber doch nicht. Man geheimnist einfach gern in jemanden hinein, den man vielleicht nicht ganz versteht.

FF: Wie immer, eine Frage: Waren Sie vor 30 Jahren schon hier? In Wien?

HH: Ja, schon seit dem Studium. Aber warum? Weil ich keinen Wiener Akzent habe?

FF: Sie vertreten doch in Ihren Vorträgen und Seminaren, in Ihren Schriften die Ideale dieser Region mit einer besonderen geistigen Note, sozusagen fast religiös.

HH: Sagen Sie ruhig sektiererisch, wenn Sie es los werden wollen. Dann fällt es Ihnen leichter, auch das Gegenteil zu sehen, die dialektische Ergänzung im Yin und Yang.

Ja. Ich suche nach dem Geist dieser Region, mit der ich mich identifiziere, in der ich nicht geboren und aufgewachsen bin, sondern die ich gewählt habe, als Liebende. Da kann und darf man nicht gleichgültig sein und kalt. Aber das schließt Toleranz nicht aus. Im Gegenteil. Je stärker das Engagement, um so wichtiger ist die Offenheit, aber um so größer kann sie auch sein.

FF: Danke. Nun zur Frage, die wir haben. Sie leben selbst vorbildhaft umweltbewußt in einem neuen modernen Stil und Sie sind so etwas wie ein Leitbild, eine Leitfigur.

Wie sehen Sie die Entwicklung der Umwelt und der regionalen Gestaltung hier in den letzten dreißig Jahren?

HH: Wie ich persönlich die Entwicklung sehe, aus meinem Verständnis? Daraus mache ich kein Hehl. Die Entwicklung hat mich enttäuscht. Sie ist weit vom Ziel entfernt. Aber wir haben die Katastrophe vermieden.

Die Region ist nicht ruiniert geworden wie andere Ballungsräume, die nur mehr ein Horror sind. In der Infrastruktur ist vieles geschehen. Die Emissionen sind um 28 Prozent reduziert. Das Faktor-10-Programm beginnt langsam zu greifen. Der öffentliche Verkehr ist ausgebaut. In der materiellen Umgestaltung ist diese Region schon ein Vorbild.

Nur – das ist viel zu wenig. In großen Teilen der Erde geht die Umweltzerstörung weiter. Nehmen Sie China, nehmen Sie Afrika, nehmen Sie Südamerika. Dort wird man nicht schnell genug so reich, daß unser Programm greift. Reich und grün – das geht bei uns, wo man schon mit einem gigantischen Vorsprung begonnen hat, da kann man über die materiellen Interessen Nachhaltigkeit erzielen. Vielleicht – nicht einmal das ist sicher.

Aber für die Menschheit gibt es diesen Weg nicht. Wenn wir darauf warten, daß die armen Gebiete so reich werden wie wir jetzt, über diese materielle Schiene, da ist die Biosphäre kaputt gemacht. Auch wenn die Chinesen Elektro-Rischkas fahren statt alte Mercedes. Nicht einmal Faktor 10 und die Nano-Technik kommen da noch zurecht. Da kommt vorher die große Implosion. Im Kleinen haben wir sie ja schon fortwährend, der endlose Bürgerkrieg in Tibet und in Amazonien, die Arbeitslosigkeit in Indien. Und wie lange werden die Leute hier noch den immer höher werdenden Hilfssteuern für die 7-f-Gebiete in Persien und der Sub-Sahara zustimmen – die schon auf Kosten unserer Naturgebiete gehen?

FF: Ihre kritische Haltung ist bekannt. Das Thema unseres Interviews bezieht sich aber auf die Entwicklung der Region, seit der Euro-Einführung. Welche deklarierten Ziele sind denn da erreicht und welche verfehlt worden?

HH: Viele sind verfehlt worden.

Die Suburbanisierung wurde nicht zurückgenommen, sie ist sogar in manchen Kommunen noch gewachsen. Die Verdichtung der Stadt ist steckengeblieben, nach dem finanziellen Fiasko der Simmeringer Achse. Die Überbauung der Eisenbahneinfahrten ist kleinkariert.

Und am ärgsten versagt hat die Bildung. Im Beruf ja, die Wirtschaft deckt ihren Bedarf. Der Basistransfer war eine große politische Tat. Aber gerade dieser Erfolg in der Jobqualifikation hat die wirkliche Bildung verkümmern lassen. Viel zu kopflastig ist das alles geworden. Das integrale Lernen ist doch zur Phrase verkümmert, zum bloßen Nachholen und Anhäufen von Bildungstiteln.

Dementsprechend schaut auch das Freizeitleben aus. Die Losung „Reich und Grün" wurde ja schon immer mißverstanden. Reich wollten die Leute werden – und grün sollte der Dachgarten sein. Und sonst ist man weiter zum Baden auf die Seychellen und zum Heli-Skiing nach Kanada geflogen. Öko-Bildung hat das einmal geheißen, und Ego-Bildung. Reich im Materiellen und grün in der Seele, hat man das gemeint, vor dreißig Jahren. Und umgekehrt ist es jetzt.

FF: Frau Helige, Sie klingen bitter.

HH: Sagen Sie gleich, daß ich eine Zunge habe wie ein Schwert. Ein toledanischer Degen, hat mich einmal jemand genannt – schon vor langer Zeit. Aber, was ich sage, ist alles statistisch belegt.

Die Ziele, die vor dreißig Jahren angepeilt wurden, sind in Bezug auf das urbane und ländliche Wohnen nicht erreicht, wie man das immer auch rechnet. Und die deklarierten Ziele im Verkehr und in den Freizeitkonzepten auch nicht – oder nur teilweise. Bei der Bildung ist das schwieriger, konkret nachzuweisen, zugestanden. Da sind die Indikatoren zu vage.

Die Argumente kenne ich schon, daß eine Vision kein Plan ist. Meine Kritik geht tiefer. Aber Sie haben ja gefragt, welche Ziele verfehlt wurden.

FF: Und worin sehen Sie die Gründe dafür, daß manche Ziele nicht erreicht wurden?

HH: Es ist einfach nicht gelungen, die Menschen wirklich zu überzeugen. Die Mehrheit der Menschen hier in der Region. Das Programm der Vision wurde von oben her durchgesetzt, durch das Engagement einer Elite und mit den handfesten Interessen eines fortschrittlichen Managements in der Wirtschaft. Dem zolle ich alle Achtung. Da habe ich auch selbst mitgewirkt. Doch mit dem aufgesetzten Optimismus allein geht es nicht.

Warum hat denn die Rücknahme der Verhüttelung nicht geklappt? Den meisten fehlt der Mut, Haus und Garten aufzugeben, um wirklich städtisch oder in einer Dorfgemeinschaft zu leben. Das braucht so viel Initiative wie Auswandern und den Beruf wechseln. Und dasselbe gilt, in der Freizeit aktiv zu werden, zu malen oder zu musizieren statt vor dem Fernseher zu hocken. Oder statt in die Karibik zu fliegen, einen Badesommer an der Donau zum Erlebnis zu machen.

Das hätte das Empowerment-Programm auch noch leisten müssen – nicht nur die Ermutigung zur flexiblen Arbeit und zum Dauerlernen. Reicher sind wir geworden und sogar sehr sozial und ökologisch, anerkannt, aber der Geist fehlt. Und wenn die meisten das Auto weggegeben haben, dann, weil es bequemer und billiger geworden ist, mit den Öffis zu fahren – nicht aus Stolz. Wir haben keine Basis für den Stolz geschaffen, für den Stolz auf eine neue Art zu leben. Optimismus allein genügt nicht.

Darum haben wir auch die Beziehungskrisen in Familie und Partnerschaft.

FF: Aber die Umweltbewegung ist doch eine geistige Kraft. Wurde nicht alles demokratisch abgestimmt?

HH: Natürlich. Von den Erfolgen rede ich hier nicht. Die kennt jeder. Die öffentliche Meinung hat sich, nach allen Umfragen und Untersuchungen, dramatisch verändert. Alle großen Vorhaben wurden von massiven Mehrheiten bejaht: der Bahnring, die Mautautobahnen, das Flughafenzentrum, die Bahnüberbauungen, die Energiewälder, die Agrarbiologisierung, die Bildungsoffensive.

Wenn Sie mich fragen, ging das alles fast zu schnell. Man ist zu selbstzufrieden damit. Man glaubt, sich selbst nicht ändern zu müssen – im Wesentlichen, in den Lebensmustern, im Kern des Stolzes. Es fehlt so etwas wie eine Bekehrung.

FF: Warum sollte es nicht genügen, ein intelligentes System von Politik, Wirtschaft und Gesellschaft zu haben, mit einer gesunden Umwelt? Warum sollte sich der Mensch ändern? Und geht das überhaupt?

HH: Warum? Weil das für die ganze Welt nicht geht. Wir sind eine bevorzugte Nische – wir bilden uns noch immer ein, die „Insel der Seligen" bleiben zu können, während ringsum die Sintflut steigt.

Aber es geht auch für uns nicht. Auf die Dauer. Solange die Menschen nur aus Angst und Sorge, um der Gesundheit und Sicherheit willen, Opfer von ihrem Reichtum bringen, hat das keine Dauer. Solange sie immer noch vorwiegend lernen, um reich zu werden oder reich zu bleiben, hat das keine Dauer. Erst wenn das von innen kommt, wenn Bildung einfach Spaß und Berufung ist, wenn sie das einfache Erleben der kleinen Dinge und des Geistigen ebenso genießen wie Essen, Trinken und Liebe, wenn sie Lohn nicht mehr als Eigentum sehen, sondern als Anerkennung – dann wird es gehen. Für sehr lange. Nachhaltig.

FF: Die übliche letzte Frage, haben Sie eigentlich schon sehr gründlich beantwortet, Frau Helige. Ihre Vision geht offenbar über die akzeptierte und politisch akkordierte Vision der Region beträchtlich hinaus. Nun ganz nüchtern: Wie lange, glauben Sie, kann das dauern, bis die Menschen so sind, wie Sie das als Basis für eine dauerhafte und nachhaltige gute Gesellschaft ansehen?

HH: Ihre Frage zielt auf den Trend, nicht nach der Vision. Entscheidend ist, wie lange haben wir noch Zeit. Bis wann sind wir ernstlich bedroht, die Menschheit als Ganzes, beim heutigen Tempo der technischen Entwicklungen?

Ich würde sagen, wir haben höchstens noch tausend Jahre Zeit – und wenn es schlimm hergeht, nur mehr dreihundert Jahre. Das ist verdammt kurz, wenn man bedenkt, daß man so etwas nur über die Generationen lernen kann.

FF: Danke für dieses Interview, das auch sehr klar gemacht hat, was eine Spiritualistin eigentlich ist.

Eine ganz persönliche Frage – wenn Sie diese nicht ablehnen. Wie sehen Sie die nächsten dreißig Jahre für sich?

HH: Ja, kann ich beantworten, wenn auch nur als großes Bild. Zehn Jahre aktiv, zehn Jahre meditativ, dann das satte Abschiednehmen. Immer aber dort, wo die Visionen wachsen.

Die Wirkung der VISION kann nicht bloß aus dem Inhalt kommen. Das hier entworfene Bild enthält keinen einzigen neuen Gedanken. Alle diese Ziele und alle skizzierten Methoden, Maßnahmen und Entwicklungen wurden schon ausgedacht, publiziert, vielfach liegen einzelne Pläne dafür vor.

Doch diese Ideen und Pläne bewirken nichts – außer Unterhaltung und mieselsüchtiges Raunzen – wenn sie nicht von starken Interessen zur Verwirklichung gedrängt und gebracht werden. Die Interessen für ein so umfassendes Konzept müssen sehr weit gestreut sein. Eine einzelne politische Partei, eine einzelne Interessenvertretung, ein Medium für sich allein bringt die Vision nicht zum Leben, nicht gegen eine allgemeine Gleichgültigkeit, Ängstlichkeit, nicht gegen Apathie und Pessimismus.

Erst wenn wenigstens 20 Prozent der regionalen Bürger die VISION zu ihrer eigenen Perspektive gemacht haben, entsteht so viel an Optimismus, Dynamik und demokratischem Impuls, daß sich Gesellschaft und Wirtschaft in Bewegung setzen. Dann werden aber gewaltige soziale Kräfte losgetreten – und der Strom der Faszination reißt viele mit. Die Medien werden zum Zunder für das Lauffeuer der Hoffnungen.

Doch wie kommt man zu den 20 Prozent? Dazu gehört eine kritische Masse von einzelnen Interessen, vor allem von potenten Unternehmen und Organisationen mit starker Werbestimme, die sich der VISION anschließen. Und dazu gehört überdies eine primäre Konzentration an wissenschaftlichem Know-how zur Konstruktion der VISION, an Kommunikationsfähigkeit und an öffentlichem Nimbus und Prestige. Erst wenn diese Wissens- und Kommunikationspotenz sich über den Geräuschpegel der Tages-Aktualitäten deutlich und längerfristig erhebt, werden sich so viele Interessengruppen anschließen, daß das Gewicht der VISION wächst – bis zur kritischen Grenze.

Wo diese kritischen Grenzen liegen, die primäre Schwelle der öffentlichen Gewärtigkeit und die kritische Masse für die breite Glaubwürdigkeit bis zu den „ansteckenden“ fünfzehn bis zwanzig Prozent, das läßt sich nur im Versuch erfahren.

Eine rezente Erfahrung liegt dazu aber vor: die Kampagne für den österreichischen EU-Beitritt. Da wurde innerhalb eines Jahres Optimismus in der Größenordnung von 30 bis 50 Prozent „gemacht“ – mit einem unerwartet großen Abstimmungserfolg.

Der Werbeaufwand der Regierungsparteien und der Regierung war gar nicht so stark gegen eine stimmenstarke Opposition und den ursprünglichen Pessimismus und Skeptizismus bezüglich der EU – nach den negativen Abstimmungen in Dänemark und in der Schweiz –

wandte man weniger Geld auf als bei einer Wahlkampagne. Allerdings wurde diese Öffentlichkeitsarbeit durch Industrie und Gewerkschaften in den Betrieben gestützt – und Chefs wie Betriebsräte sind glaubhafter als Journalisten und Politiker.

Es erscheint also durchaus möglich, mit einem Kommunikationsaufwand, der dem einer größeren Marketingkampagne für ein neues Produkt entspricht, die VISION zu starten, zu einer Karriere, die dann nur mehr von der inneren Kraft und Intelligenz der Region selbst begrenzt wird. Denn keine Vision kann auf die Dauer mehr als die Gesellschaft selbst, deren Vision sie ist.

1. Optimismus-Welle im Zeitraum der EU-Abstimmung: Zwölf-Monats-Perspektive.

Die Zeitreihe der monatlichen Umfragen zeigt, wie stark durch die EU-Mitgliedschafts-Kampagne 1994 der Wirtschaftsoptimismus gesteigert wurde. Der stärkste Effekt der Hoffnungssteigerung trifft das kurzfristige, unmittelbare Bergauf-Bergab-Gefühl zur Wirtschaftslage.

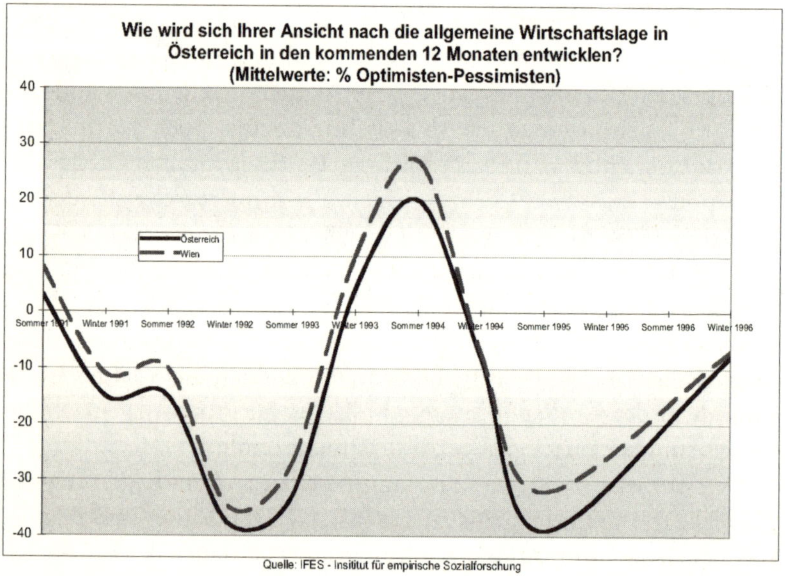

Quelle: IFES - Insititut für empirische Sozialforschung

BOAS - Büro für die Organisation angewandter Sozialforschung

2. Optimismus-Welle im Zeitraum der EU-Abstimmung: Fünf-Jahres-Perspektive.

Die langfristigen Erwartungen zeigen das gleiche Bild wie die kurzfristigen Konjunktur-Hoffnungen: Optimismus wirkt generell.

Wien ist anders: die Großstadt ist offener für Optimismus und hält ihn stabiler – sie reagiert aber auf Anreize genauso.

Wie glauben Sie, wird - im großen und ganzen gesehen - die allgemeine Wirtschaftslage in Österreich in 5 Jahren sein? Mittelwerte (% Optimisten - Pessimisten)

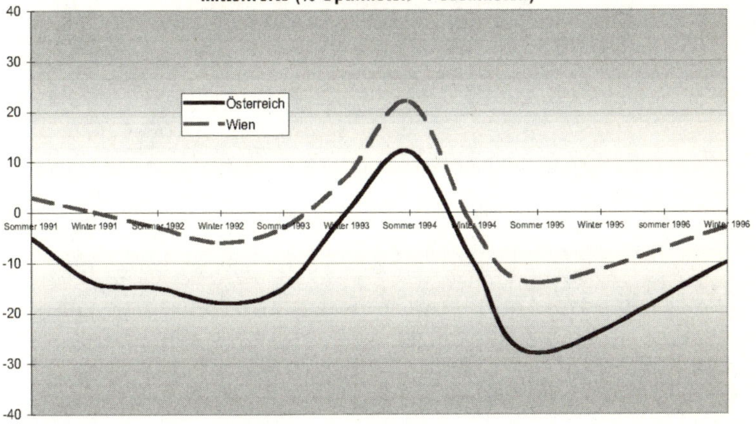

Quelle: IFES - Institut für empirische Sozialforschung

BOAS - Büro für die Organisation angewandter Sozialforschung

3. Optimismus-Pessimismus zwischen Bildung und Politik.

Schulbildung, das große soziale Schichtungsmerkmal von heute, und politische „Sinnsuche" beeinflussen die Hoffnung und Angst. Andererseits sammeln die Parteien – insbesondere die Oppositionsparteien die Optimisten und die Pessimisten: die „Gewinner" der Modernisierung und die Verärgerten und Verbitterten.

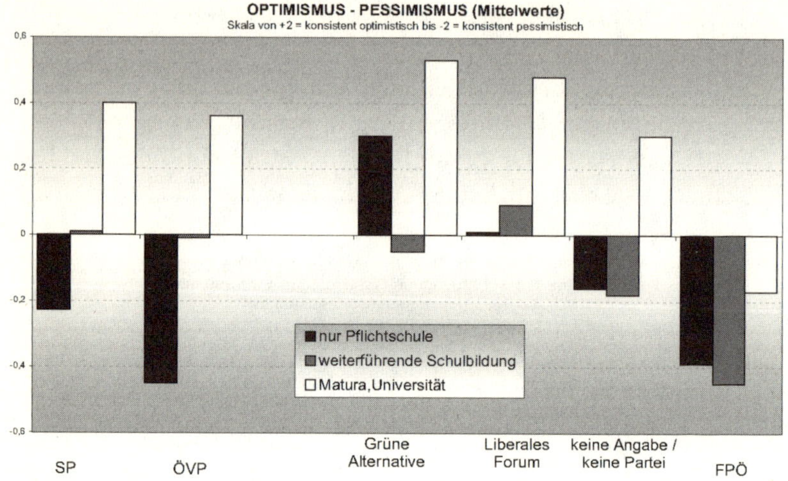

Quelle: Zukunft - Zeitschrift für Politik, Wirtschaft und Kultur, April 1993

BOAS - Büro für die Organisation angewandter Sozialforschung

Die Machbarkeit von Optimismus hat ihre Grenzen, genauso wie die Ankurbelung der Wirtschaft durch eine antizyklische ökonomische Politik. Doch die „sanfte Regulation" der gesellschaftsbewegenden Strömungen steht erst am Anfang ihrer Evolution. Das Projekt REGIO VISION ist ein neuer Ansatz. Ein Lernschritt.

Der gewaltige Innovationsschub, der von der VISION gefordert wird, und die Forderung nach langfristigen Investitionen in Infrastruktur, Bildung, Forschung und Umbau, setzen eine gemeinsame Anstrengung von Bürgern, Wirtschaft und Staat voraus. Dieses gemeinsame „Opfer" an Luxus und Überfluß von Heute für das Morgen wird nur zustandekommen, wenn es klare Kriterien für Input und Output, Steuern, Spenden und Preise, Leistungen und Effizienz gibt. Und zwar klar getrennt nach den beiden großen Sphären:

Gemeinwohl und Versorgung mit öffentlichen Gütern; Marktmechanismen für die optimale Deckung des individuellen Bedarfs und der öffentlichen Nachfrage. Hier steht der Demokratie eine große Innovation ins Haus.

Markt und Gemeinwohl

Im Sektor Verkehr ist es besonders schwierig, die beiden grundlegenden Mechanismen gesellschaftlicher Optimierung zu trennen: die Versorgung mit dem öffentlichen Gut eines ausreichenden Verkehrsangebotes einerseits von Marktmechanismen andererseits, der den Nutzen des einzelnen Verkehrsteilnehmers optimiert.

Das öffentliche Wohl fordert für möglichst alle Bürger staufreie Schnellstraßen, häufig verkehrende Schnellbahnen, überall verfügbare Autobuslinien, bequeme und billige Flugverbindungen in alle Welt. Je besser für diese Wohltaten gesorgt wird, um so höher werden die Steuern dafür – auch für jene, die solches Gemeinwohl wenig nutzen. Und wenn es alle nutzen wollen, werden die Straßen verstopft, die Bahnen überfüllt, die Autobusse unpünktlich, die Flüge gefährlich. Und ohne Markt gibt es von den Kunden keine Signale an die Verkehrsplaner, Verkehrsunternehmer und das Personal. Service und Kundenfreundlichkeit leiden.

Überläßt man aber den Verkehr allzusehr dem Markt, so fehlt es bald an Infrastruktur und Verkehrsverbindungen, die nicht unmittelbar und kurzfristig rentabel sind – und nur mehr Verkehrsteilnehmer, die gut bezahlen können, sind gut bedient. Schließlich leidet darunter der gesamte Wohlstand, und die peripheren Gebiete verarmen.

Zwischen diesen beiden drohenden Fehlentwicklungen die günstigste Balance zu halten, ist schwer. Dazu müssen die beiden Mechanismen Markt und öffentliche Hand flexibel aufeinander abgestimmt und oft eng miteinander verbunden werden. Ein fundamentalistisches Gegeneinander von „Staat" und „Privat" behindert solche bewegliche Anpassung – und wird heute in modernen Demokratien auch nicht mehr ernstlich vertreten, außer in ideologischen Streitereien.

Doch fehlt es an innovativen Mechanismen und Prozeduren der objektivierenden Abstimmung zwischen der öffentlichen Hand und dem privaten Sektor, an „Techniken" der Harmonisierung von Gemeinwohl und Markt. Neue Ansätze sind erst im Entstehen, im Versuchsstadium: Ausgliederungen öffentlicher Agenden in marktgängige Unternehmungen – wie die Trennung von Schiene und Fahrbetrieb bei der Bahn -, Public-Private-Partnership bei der Finanzierung von großen Verkehrsprojekten – wie beim Ärmelkanal-Tunnel zwischen England und Frankreich – oder die gemeinsame öffentliche und private Nutzung von Arealen – wie die Überbauung von Bahnhöfen und Bahneinfahrten und der Ausbau von Flughäfen zu Geschäftszentren.

Wie es im Wesen von Experimenten liegt, sind nicht alle diese Versuche erfolgreich.

Im Rahmen der REGIO-VISION wurde nun im Großraum von Wien ein Projekt aus der Taufe gehoben, das die beiden Elemente Gemeinwohl und Markt in einer besonders interessanten, weil flexiblen Art vereint: die marktmäßige Steuerung öffentlichen Verkehrs über die Fahrgastzufriedenheit.

Das Prinzip ist einfach: ein Verkehrsverbund (im konkreten Fall der Verkehrsverbund Ost-Region VOR, der das weitere Umland von Wien mit Autobuslinien bedient) versorgt sein Gebiet mit flächendeckenden Verkehrsverbindungen – zu gestützten Preisen für Schüler und Pendler. Der Personentransport wird von Betreibern mit ihren eigenen Fahrzeugen geleistet. Der Verkehrsverbund bezahlt nach Linien und Fahrleistungen. Doch diese Bezahlung enthält nun eine Komponente, die sich nach der Fahrgastzufriedenheit richtet. Liegt die Kundenzufriedenheit (eine Standardabweichung) unter dem Durchschnitt, so erhält das Unternehmen für diese Linie in der Jahresabrechnung keine Prämie. Bei überdurchschnittlichen Werten von „Bus-Lust", wie die Fahrgastzufriedenheit in den Autobussen karikierend genannt wird, steigt die Prämie – je nach dem Verteilungsschlüssel und Gestalter.

3. Wende-Optimismus

Alle Optimismus-Pessimismus-Indikatoren wiesen in der Periode 1989 bis Mitte 1990 so hohe Optimismus-Werte auf, wie sie seit Anfang der siebziger Jahre nicht mehr zu verzeichnen waren. Die Entspannung im Kalten Krieg, die Reform in Osteuropa und die erlebte Wirtschaftsentwicklung in Österreich riefen offenbar eine allgemeine Euphorie hervor. Zwischen dem Frühjahr und dem Herbst 1990 kam es aber zu einem rapiden und bleibenden Rückgang dieser euphorischen Stimmung – allerdings nur in bezug auf die allgemeine wirtschaftliche Zukunft, nicht im Optimismus für die eigene wirtschaftliche Zukunft.

Gründe dafür lassen sich leicht finden. Die gigantischen Probleme der Restrukturierung des Ostblocks wurden allgemein sichtbar: die Dauermisere der sowjetischen Wirtschaft, die hohen Kosten der deutschen Vereinigung, das Auftauchen von wirtschaftsstörenden Fanatismen und Konflikten. Daß der Golfkrieg und die Kämpfe in Jugoslawien keinen tieferen Pessimismus hervorgerufen haben, ist bemerkenswert.

4. Dynamische Schicht

Die dynamischen Schichten sind jene, die in der Evolution mit der Entwicklungsdynamik „aufsteigen". Historisch gesehen war das zuerst das Bürgertum der Handwerker und Händler, dann das aufsteigende „Proletariat" der Arbeiter und Angestellten. Den Faschismus kann man zum Teil auch als Reaktion absteigender Schichten begreifen.

Die nächste Welle der Modernisierung werden nicht mehr die Industriearbeiter und die Masse der Angestellten tragen, sondern die Spezialisten der Informationstechnologie und der Kybernetik, die Handhaber von Wissenschaft und Technik, die Meinungsmachern und Menschenbildner, die die Gesellschaft formen.

Diese neue Dynamische Schicht erstreckt sich quer durch die Berufe: Arbeiter, die Roboter bedienen, Sekretärinnen, die Datenfiles verwalten, medizinische Assistentinnen, die millionenteure Geräte bedienen, Systemanalytiker, Werbetexter, Managementberater und Manager.

Ein Charakteristikum der Dynamischen Schicht ist, daß ihre Interessen und ihr sozialer Aufstieg der gesamten Gesellschaft, also auch den Schwächeren zugute kommt. Das Dynamische an ihr kommt aus den Entwicklungen in Wissenschaft, Wirtschaft und Gesellschaft. Politische Ideologien und Bewegungen folgen erst nach.

Welche Partei in Österreich vertritt die Dynamische Schicht? Welcher Ideologie neigt sie zu?

Auf eine solche Frage rufen alle Parteien natürlich: Hier! Und da die Dynamische Schicht bisher weder ein „Klassenbewußtsein" noch eine eindeutig eigene Ideologie hervorgebracht hat, ist die Antwort noch offen. Die Grundmuster der neuen Ideologie der neuen Dynamischen Schicht lassen sich zwar schon ausmachen, doch die parteipolitische Zuordnung bleibt unklar: Ökologie schreiben bereits alle Parteien auf ihre Fahnen. Partizipation und Autonomie werden in den verschiedensten Packungen angeboten. Doch keine Partei kann es sich leisten, nur auf die Dynamische Schicht zu setzen. Jede hat auch „Absteiger" und „Schwächere" zu vertreten, denn die Dynamische Schicht ist nicht die Mehrheit.

Die Schwierigkeiten liegen vor allem in der Erfassung der Dynamischen Schicht. Da es keine klare Definition des Tätigkeitsbereichs gibt, kann man nur auf psychologische Fragestellungen zurückgreifen. Optimismus wäre ein Indikator. Doch in einer für Österreich repräsentativen Umfrage aus dem Jahr 1991 steht ein besseres Maß für persönliche Dynamik und Stärke zur Verfügung – ein Kurztest für Neurotizismus und einige Fragen zur Anomie. Die Stichprobe dieser IFES-Umfrage umfaßt zwar nur 800 Personen, doch das läßt schon eine etwas komplexere Analyse zu.

Neurotizismus ist Ängstlichkeit, Unsicherheit und Mangel an emotionaler Selbststeuerung. Der Kurztest erfaßte das mit vier Fragen. Personen mit sehr hohen Test-Scores standen im Verdacht, Neurotiker im psychiatrischen Sinn zu sein. Doch eine gewisse Überempfindlichkeit und Unsicherheit ist weit verbreitet.

Die Analyse geht nun von der Annahme aus, daß das Viertel der Menschen mit ausgeprägteren Neurotizismus-Tendenzen kaum der Dynamischen Schicht angehört – die sich ja vor allem durch Effizienz, Mut und Lernfähigkeit auszeichnet.

Kombiniert man dieses psychologische Merkmal mit der soziologischen Kategorisierung nach Schulbildung, so ließe sich in einer äußerst groben Annäherung definieren: Zur Dynamischen Schicht zählen besser gebildete, die Matura haben oder höher qualifiziert sind, soweit sie nicht durch höhere Grade von Neurotizismus in ihrer Dynamik gehemmt sind. Dahinter steht eine Persönlichkeitstheorie der „erlernten Hilflosigkeit" und „Lebensbewältigungsfähigkeit" (Coping Capacity), die einen engen Zusammenhang zwischen beruflicher Dynamik, Anpassung, Lernfähigkeit und Persönlichkeitsentwicklung andererseits annimmt. Die Wirkungen können in beiden Richtungen verlaufen: Ermutigung durch Erfolg kann die soziale Dynamik fördern und das wiederum das Teilnehmen am sozialen Aufstieg einer „Gemeinschaft" bestärken.

Wie verteilt sich nun das ideologische Selbstverständnis zwischen der so definierten Kategorisierung der Dynamischen Schicht und dem übrigen Teil der Bevölkerung?

Die Ergebnisse sprechen für die Interpretation: Die SPÖ, eigentlich die Partei der „Arbeiter", überholte in der Dynamischen Schicht die ÖVP, die bisher im Bildungsbürgertum ideologisches Terrain besetzte. Die Oppositionsparteien setzen offenbar so sehr auf Protest und Kritik, daß sie bei den höher Qualifizierten nicht die Dynamische Schicht ansprechen, sondern die „Abgedrängten" und „Zurückgelassenen". Etwa die Hälfte der Dynamischen Schicht ist aber politisch orientierungslos, „die" Ideologie für sie existiert noch nicht. Der Wettlauf der Parteien um die Gunst der neuen Entwicklungsträger ist noch offen.

Es wäre freilich wichtig, eine positive Definition der „Dynamiker" zu gewinnen: Durch Fragestellungen nach Merkmalen der Lebensbewältigung, der „Selbstentfaltung" in gesellschaftlich anerkannten Aktivitäten, des positiven Denkens und des langfristigen Lebenserfolges – sicher sollten auch Arbeitsstil und berufliche Identifikationen in die Definition der Dynamischen Schicht einfließen.

Die analysierten Daten zeigen jedenfalls, daß es hier Phänomene gibt, die neue Interpretationen nahelegen. Die derzeit gängigen Erklärungen zum politischen Alltag greifen wahrscheinlich zu kurz und bleiben zu sehr an der Oberfläche der kurzfristig beeinflußbaren, aber historisch eher zufälligen Faktoren.

5. Anti-Angst

Dieses mit empirischen Daten gestützte Modell erlaubt Überlegungen, wie der Teufelskreis von „Angstepidemien" durchbrochen werden könnte, bevor er die Entscheidungsfähigkeit des politischen Systems lähmt und eventuell sogar Markt und Demokratie als Regelungsmechanismen in Frage stellt:

• Die Dramatisierung durch die Medien läßt sich in einem freien Medienmarkt nicht völlig verhindern – Auswüchse könnten durch objektive Inhaltsanalysen öffentlich „angeprangert" werden, eine gewisse Medienselbstkontrolle wäre dadurch zu erreichen.

• Der Vertrauensmangel gegenüber wissenschaftlichen Experten erklärt sich aus der engen Verbindung zwischen Wissenschaft und Interessengruppen in der öffentlichen Wahrnehmung. Die Glaubwürdigkeit der Experten ist nur zu verbessern, wenn deren soziale Situation jedes Abweichen von der Objektivität „bestraft". Die Aussagen für die Öffentlichkeit müßten allgemein verständlich sein und klare Angaben über den Spielraum der Unsicherheit beinhalten.

• Der Halbwissen-Effekt ließe sich durch intensive Informationskampagnen, die in kurzer Zeit einen hohen Wissensstand vermitteln, vermeiden. Andererseits müssen die Menschen lernen, wie man sich richtig informiert, was neue gesellschaftliche Normen erfordert.

• Angstkumulation ist nicht zu verhindern. Man kann, wenn Angst einmal da ist, nur versuchen, die Angstabbau-Mechanismen zu verstärken.

• Gegen das Coping-Versagen und zur Stärkung des Angstabbaus könnten Aufklärung und Bildung angboten werden, die auf die bewußte Bewältigung von leichten Ängsten ausgerichtet sind. Dazu gehört das Bewußtmachen der eigenen Ängste, das Wissen über die persönliche Gefährdung, und das Lernen, mit Alltagsängsten umzugehen.

- Gegen unerwünschte Verhaltenslawinen, die Markt und Demokratie beeinträchtigen, muß im Extremfall manchmal auch mit Gesetzen vorgegangen werden. Aber auch die üblichen Mittel von Information und Werbung können hier oft mit Erfolg eingesetzt werden.

Die Interessen-Eskalation stellt ein eigenes komplexes System sozialen und politischen Handelns dar. Steuernde Eingriffe sind nach bisherigen Schlußfolgerungen nur dann erfolgversprechend, wenn sie frühzeitig und mit ausreichenden Mitteleinsatz erfolgen – ist die Eskalation schon zu weit fortgeschritten, „verpuffen" die Aktionen.

Es wird einsichtig, daß „Angstepidemien", sind sie einmal ausgebrochen, nur mehr begrenzt und mit hohem Aufwand eingedämmt werden können.

V. Chancen

Der letzte Teil des Buches handelt vom Optimismus. Eine optimistische Grundstimmung kommt nahe heran an das, was man so allgemein im Leben eines Menschen als Glück und Zufriedenheit bezeichnet. Optimismus, das ist auch wissenschaftlich erwiesen, erhält gesund, kurbelt die Wirtschaft an und macht die Bürger eines Landes investitionsfreudig und risikobereit. Doch kann man kraft seiner Vernunft optimistisch sein, wenn man selbst nicht viel Glück hat und wenig Hoffnung für sich fühlt?

Selbst der Hinweis, daß die Vision einer besseren Gesellschaft möglich ist, bietet noch keine Garantie für eigenes Glück. Optimismus ist eben auch ein Gefühlszustand, der mit den realistischen Erwartungen, die man für die Zukunft hegt, nur in einem sehr losen Zusammenhang steht. Optimistisch ist einer, so sagt man, der trotzdem lacht.

Doch auch die Art des Denkens beeinflußt das Lebensgefühl. Wesentlich für positives Denken ist die Hoffnung, daß eine Sache gut ausgeht, auch wenn dies keineswegs sicher, sondern nur wahrscheinlich ist. Es lohnt sich also, das Denken in Wahrscheinlichkeiten, das „statistische Denken" genauer in Augenschein zu nehmen. Sein Grundprinzip lautet: es gibt keine Sicherheiten, aber es gibt immer Chancen.

1. Die Gefahren des Optimismus

Eine optimistische Grundhaltung bedeutet keineswegs, daß man die Gefahr nicht fürchtet. Man blickt ihr ins Auge, sucht eine Chance, ihr zu entkommen, sammelt die eigenen Kräfte. Eine pessimistische Sicht der Dinge läßt einen aus Angst vorsichtig werden, Schutz suchen. Sie führt dazu, daß man nichts wagt. Optimismus verführt zu Wagemut und Tollkühnheit. Was ist besser? Unter Pessimisten finden sich selten Gipfelstürmer, aber sie stürzen auch seltener ab. Als Unternehmer werden sie weniger oft bankrott machen, aber es sind die Optimisten, die den Markt erobern. Unter Bedingungen der Konkurrenz ist Optmismus die erfolgreichere Lebenseinstellung. Es handelt sich um die Formel der Evolution, daß diejenigen überleben, die intelligent auf die Umstände und Gegebenheiten reagieren und mutig, optimistisch also, Neues zulassen.

2. Gibt es das Paradies auf Erden?

Das irdische Paradies war immer eine metaphysische oder ideologische Angelegenheit. Als Reich Gottes auf Erden oder als Bauplan einer idealen Gesellschaft des „neuen Menschen“ wurde es versprochen. Es hat die Phantasie und die Kraft der Menschen angeregt, es galt als streng deterministisches Resultat des richtigen Handelns, als festgelegter Lohn für gutes Benehmen oder für die Hingabe an die „Revolution“. Das Denken in Wahrscheinlichkeiten lag der Verkündung der heilen Welt nicht nahe.

Dabei sind die Menschen im Alltag durchaus in der Lage, zufallsabhängige Ereignisse und ihre Wahrscheinlichkeit zu bewerten. Man überlegt, wie groß die Chancen auf Badewetter an einem Sommerwochenende sind oder wie riskant es ist, einmal ohne Fahrschein in eine Straßenbahn einzusteigen. Unruhig macht dabei nicht das Bewußtsein der Zufälligkeit, sondern das Nichtwissen über den Grad der Wahrscheinlichkeit. Statistiker nennen die Analyse zufallsabhängiger Ereignisse und deren Wert für statistische Untersuchungen Stochastik.

Gerade die Ungewißheit macht für die Menschen den Reiz vieler Unternehmungen aus. Oder stellen wir uns einmal eine Welt ohne Spiele vor. Ein Fußballmatch wäre langweilig, wenn die beste Mannschaft ganz sicher immer gewinnen würde.

Zufall ist uns etwas Vetrautes. Das Gefühl für Risken und Chancen ist in der animalischen Natur angelegt. Der Instinkt rechnet mit Zufällen. Menschenaffen kalkulieren Chancen und Risken, wenn sie sich von Ast zu Ast schwingen. Mäuse zögern, nach bitterer Erfahrung, vor dem giftigen Köder in der Mäusefalle.

Paradoxerweise läuft der Mensch mit seiner Fähigkeit zum abstrakten Denken Gefahr, in absoluten Kategorien zu denken, in Gegensätzen von Ja-Nein, Richtig-Falsch, Schwarz-Weiß. Menschen vergöttern ihresgleichen, Menschen erniedrigen ihresgleichen bis hin zur Auslöschung. Das ist nur möglich, wenn simple monokausale Ursache- und Wirkungs-Zusammenhänge konstruiert werden und die dazugehörigen Schuldzuweisungen und Heilserwartungen.

Der Mensch kann beides: Das Erfühlen und Denken von Wahrscheinlichkeiten und die eindimensionale Kategorisierung. Er ist fähig zum Systemdenken und zum Fundamentalismus.

Wenn ich nun von einer Vision spreche, meine ich den Entwurf einer Verbesserung, bei der allerdings zwei Eigenheiten zu berücksichtigen sind. Der Weg dorthin ist plausibel, er liegt im Bereich von Wahrscheinlichkeiten und er ist abhängig von der Rolle, die der Einzelne dabei spielt. Eine Vision, die den Namen verdient, so meine ich, muß auch im Ziel stochastisch sein, das heißt gegen die Einflüsse des Zufalls wenig empfindlich. Es muß auch noch ein bißchen „paradiesisch" sein, wenn das Ziel nur zur Hälfte erreicht wird.

In den „Visionen" des realen Lebens ist dies ein ganz alltägliches Problem. Das Kind träumt, wenn es einmal groß sei, werde es Lokomotivführer. Die statistische Wissenschaft hat darauf eine Antwort: Die Wahrscheinlichkeit, Lokomotivführer zu werden, liegt bei einem Arbeitersohn 1:10.000, einem Ärztesohn bei 1:100.000, bei der Tochter eines Lokomotivführers bei eins zu einer Million. Ist nun der Traum eines Arbeiterbuben schon eine realistische Vision? Vielleicht, wenn der Traum ein so kraftvolles Motiv ist, daß der Bub später zumindest ein guter Chauffeur wird oder auch nur ein guter Autofahrer.

Ähnlich funktioniert die Sache mit dem Eigenheim. Eine Vision darf nicht nach dem Luftschloß greifen. Sie soll sich aber auch nicht mit der Substandardwohnung begnügen. Die Latte muß so hoch liegen, daß sie nur mit Einsatz aller Kräfte und ein bißchen Glück übersprungen werden kann – sonst wird man keine großen Sprünge machen. Ohne Schwierigkeiten, die überwunden werden müssen, fehlt die Motivation, ohne Hoffnung auf Erfolg aber ebenso.

Gesellschaftliche Visionen sind in ihrer Kraft und Wirkung die Summe der individuellen Visionen, natürlich nur soweit sich der große Traum der Gesellschaft mit diesen privaten Hoffnungen deckt.

Das Christentum eines Priesterseminaristen ist vermutlich nur zur Hälfte das Motiv seines Strebens. Der Rest speist sich vielleicht aus Sehnsüchten nach persönlicher Eleganz in Soutane und Schritt, nach Exzellenz in Latein – und was sonst noch aus unterdrückten Trieben sich ins Bewußtsein wagen darf. Der Sozialismus einer leidenschaftlich Liebenden, sagen wir einer Genossin eines sozialistischen Revolutionärs zu Beginn dieses Jahrhunderts, könnte mit ihren persönlichen Ambitionen identitisch gewesen sein. Das Private und das Ideologische waren deckungsgleich – freilich nur, solange die Liebe anhielt.

Auch der deklarierte Hedonist, der Playboy und Spieler, der das Vermögen seines Vaters verpraßt, hat eine gesellschaftliche Vison. Er erwartet, zumindest, daß die Bank seine Zinsen auszahlt und der Staat ihn vor Raubüberfällen schützt.

Ganz ohne gesellschaftliche Vision lebt vielleicht nur ein lebenslänglich Eingekerkerter oder eine obdachlose Bettlerin. Oder sie leben die Vision der Rache.

Die Summe der kollektiven Visionen bilden die Triebkraft und Motivation einer Gruppe in einer Gesellschaft – den Schwung eines Unternehmens, die Überzeugungskraft einer Partei, den Einfluß einer Religion. Wie alle Größen der psychischen und sozialen Natur ist sie nicht direkt meßbar. Man kann sie über Indikatoren aus Sprache und Verhalten schätzen.

3. Statistisches Denken als Denken der Zukunft

In den Gesellschaftswissenschaften wird seit jeher zwischen autoritären und demokratischen Gesellschaften (Max Weber, Norbert Elias) unterschieden, zwischen geschlossenen und offenen (Karl Popper), fundamentalistischen und säkularen Staaten (Rawls) und innengeleiteten und außengeleiteten Kulturen (David Riesman).

Die Gesellschaften könnten auch nach ihrem Denkmuster im Umgang mit Unsicherheit und Ambivalenz analysiert werden. Autoritäre Systeme, geschlossene und innengeleitete Gesellschaften teilen die Welt in Freund-Feind-, Falsch-Wahr-Kategorien. Das Denken in Wahrscheinlichkeiten ist ihnen fremd. Dem steht das intellektuell abwägende, „statistische" Denken gegenüber. Diese säkularen, demokratischen und offenen Gesellschaften haben sich in der kulturellen Evolution als erfolgreicher erwiesen. Sie waren die Träger der Modernisierung und der Aufklärung und der darauf aufbauenden wissenschaftlichen Revolution.

Extreme Ausprägungen dieser beiden Denkmuster sind selten. Im individuellen Fall treten sie als engstirniger Fanatismus und als entscheidungsscheue Unsicherheit auf.

Gesellschaften, die den Extremen anhängen, verlieren an Effizienz: in der einen Richtung durch Rigidität und steten Kampf, in der anderen durch Strukturverlust in übertriebender Mechanik. Das Optimum läge in einer flexiblen Balance zwischen Zusammenhalt und Innovation. Die Erfolgschancen sind jedoch größer, wenn die offenen Reaktionsmuster überwiegen. Die Evolution begünstigt das Neue und die Fähigkeit zur Anpassung.

Aus diesem Theoriemodell lassen sich für die derzeitige gesellschaftliche Situation einige Grundsätze ableiten:

1. Im Umfeld großer Veränderungen sind soziale Systeme von zwei Tendenzen bedroht: einerseits der Erstarrung in vereinfachten, unangepaßten Strukturen und Denkmustern und andererseits einer revolutionierenden Veränderungsdynamik, die zu Zerrissenheit durch unversöhnliche Feindschaften und zerstörerische Kämpfe führt.

Ein Beispiel für das Versagen einer großen Kultur an der eigenen Rigidität ist wohl die Implosion des kommunistischen Systems. Die mit dem Sieg der Revolution erfolgreich begonnene Modernisierung kam, von einer dogmatischen Doktrin gelähmt, zum Stillstand. Der Bürgerkrieg in Bosnien wäre ein Beispiel für die Destruktivität von Konflikt-Eskalation.

2. Wesentliche Faktoren für den Erfolg einer modernen Gesellschaft, gemessen an den Parametern Effizienz und Wohlstand, sind ein hoher Wissensstand und Realitätssinn sowie eine flexible Konfliktlösungsfähigkeit und die Bereitschaft zur Innovation, auch wenn dies zu Lasten augenblicklicher Vorteile geht. Und zu guter letzt bedarf es der Selbstsicherheit und des Optimismus, der einen in die Lage versetzt, zukunftsbezogen und nachhaltig zu denken. Man könnte diese Faktoren mit den Begriffen Wissen, Toleranz und Selbstvertrauen zusammenfassen.

Der Zusammenhang zwischen dem Wissensstand einer Gesellschaft und ihrem ökonomischen und kulturellen Erfolg wird heute unwidersprochen als Richtlinie für die Politik angesehen. Die Wirkung von Optimismus und Vertrauen in die eigene Gesellschaft wird in den soziologischen Wissenschaften zunehmend ins Kalkül gezogen und untersucht (Galbraith, Keynes). Kurzfristig erscheint es sogar ökonomischer, das Vertrauen der eigenen Sozietät zu steigern als in höhere Qualifikationen zu investieren.

Die „Wunderwaffen" Toleranz und Nachhaltigkeitsdenken sind dagegen noch kaum erforscht. Für sie sprechen allerdings eine Reihe historischer Ereignisse: das Hilfsprogramm der Siegerstaaten nach dem Zweiten Weltkrieg zum Wiederaufbau der deutschen Wirtschaft. Oder die Erfolge multikultureller Zentren wie New York und Hongkong oder multinationaler Staaten wie die Schweiz oder Kanada.

Doch was wäre, abseits der rationalen Einsicht, über die emotionalen Muster für diese Faktoren zu sagen?

Der Einzelne müßte sich aufgehoben und akzpetiert fühlen und eine soziale Identität entwickeln können. Er müßte ein „Urvertrauen" in sich selbst und in seine Gemeinschaft ausbilden. Er müßte es lernen, gelassen zu bleiben, wenn seine Erwartungen enttäuscht werden.

Die Psychologie der Persönlichkeitsentwicklung lehrt in allen ihren Schulen wie notwendig es ist, Akzeptanz und menschliche Nähe zu erfahren, um eine stabile Persönlichkeit auszubilden und mit Angst und Unsicherheit umgehen zu können. Ökonomie und Politologie schenken dem noch wenig Beachtung. Das ändert sich ein wenig. Politische Parteien suchen ihre Wähler bei „Gewinnern und Verlierern" und nicht mehr nur über die klassischen politischen Konfliktbereiche von Klasse, Nationalität und Religion.

Was könnten nun fördernde Denkmuster für gewünschte Verhaltens-und Gefühlsfaktoren sein:

1. Die Relativierung von Unsicherheit durch Schätzung von Wahrscheinlichkeiten und Risken.
2. Die Toleranz gegenüber Unsicherheiten und Fehlern.
3. Die Realitätsnähe durch systemisches Denken in vielfältigen Zusammenhängen – auch wenn dadurch einfache Gewißheiten unmöglich werden.

Damit befinden wir uns bereits mitten im Denk-Modus der Statistik. Statistisches Denken ist definiert als eine Auffassung von Realität, die von mehreren Variablen ausgeht, zufallsabhängige Ereignisse einbezieht und dabei mit der Fehlerhaftigkeit jeder Beobachtung rechnet. Es befähigt dazu, alle Phänomene als Produkt verschiedener Ursachen zu sehen. Es entspricht dem praktischen Alltagsverstand, es kann gelernt und durch Übung verstärkt werden.

Diese Denkweise schützt gegen vorschnelle Sicherheiten und gegen das blinde Vertrauen in vorbestimmte, zwangsläufig eintretende Ereignisse.

Statistisches Denken verstärkt beim Einzelnen die Fähigkeiten in einer offenen Gesellschaft zu leben. Wenn es gelänge, diese Art des Denkens zum vorherrschenden Umgang mit Problemen individuell und gesellschaftlich zu etablieren, könnte die Effizienz einer Gesellschaft in der kulturellen Evolution entscheidend verbessert werden.

Die neuere Sozialforschung entwickelt zunehmend Indikatoren für eine solche ganzheitlich komplexe Sicht der Gesellschaft.

Das Wohlbefinden wird durch Umfragen über Lebenszufriedenheit erfaßt, aber auch ökonometrische welfare-Indikationen werden aus der volkswirtschaftlichen Gesamtrechnung abgeleitet. Das gesellschaftliche Wissen spiegelt sich im Schulbildungsstand und in den Ausgaben für Wissenschaft und Forschung. Zur Dimension des Selbstvertrauens stehen Umfragen über Optimismus-Pessimismus zur Verfügung, Umfragen über das Vertrauen in Institutionen und Politiker. Toleranz wird in der Vorurteilsforschung abgedeckt.

4. Schamane, Priester, Therapeut

Die größte Gefahr für die Menschheit liegt in der Neigung zur Gewalt, die aus einem grundlegenden, deterministischem Fundamentalismus der Worte und Begriffe herrührt. Am bedrohlichsten aber ist die Tendenz, diese Urteile auch auf das Innere zu beziehen. Das führt nicht nur zur Fremdverurteilung, sondern auch zur Etikettierung der eigenen Person, zur Selbstbeschuldigung und Selbstbestrafung, gleichzeitig auch zur Selbsterhöhung und Überheblichkeit.

Im Umgang mit Konflikten zeigt sich, ob und wie der Einzelne sein Leben bewältigt. Für die Gesellschaft sind das die großen Fragen von Krieg oder Frieden. Jedes System ist nur so gut, wie sie für diese Aufgabe Kräfte und Institutionen entwickelt. Die Demokratie ist eine solche Kraft und Institution. Es muß aber auch persönliche Figuren geben, weltliche und geistige Helfer. Die Geistlichen der früheren Epochen waren die Schamanen und Priester. In unserer Zeit ist der Therapeut dazugekommen. Die Weltlichen sind im großen und ganzen in ihren Rollen dieselben geblieben: Politiker und Machthaber, die Chefs aller Epochen.

• Die menschliche Existenz war und ist immer bedroht. Der Traum von der Unverwundbarkeit und Unsterblichkeit ist in diesem Leben unerfüllbar. Unsere Körper sind auf Verbrauch angelegt und leider auch sehr schadensanfällig und reparaturbedürftig. Deshalb hat uns die Natur mit Angst ausgestattet. Das Versprechen und Bereitstellen von Sicherheit ist nicht zufällig die Kernaufgabe jeder Politik und letzten Endes jeder sozialen Gemeinschaft und Vereinigung.

Sicher fühlen wir uns, wenn es uns gut geht – im engsten Kreis der Familie, als Kind bei der Mutter. Die Kleinfamilie sucht den Schutz eines mächtigen Clans, in einer Horde, in einem Stamm, in einem Dorf, in einer Stadt, die in der Lage sind, sich nach außen zu verteidigen. Damit beginnt aber auch schon die Kampfbereitschaft der Einen gegen die Anderen. Die Verteidigung richtet sich immer gegen die Gewalt der Natur oder die gefürchtete Gewalt anderer Menschen. Und dann ist da noch die Gefahr, die in einem selbst lauert. Die Gewalt gegen das eigene Selbst mit seinen widerstreitenden Interessen. So ist jede Sucht als innerer Konflikt eines Appetits gegen den Gleichgewichtszustand anderer Teile des Systems zu sehen. Und auch in der Seele gibt es Konflikte genug. Wer kennt nicht die Inkongruenz unserer inneren Gefühls-und Denkprogramme?

Der Angst des Menschen wurde immer schon mit Symbolgestalten gegengesteuert. Das war bei den Naturvölkern so, das gab es in den Hochkulturen mit ihren religiös-ideologischen Hierarchien und das ist auch in dem nun beginnenden Zeitalter rational-reflexiver Selbststeuerung zu erwarten. Die Aufgaben blieben dieselben: Körper und Seele in einen harmonischen Gleichklang zu versetzen und Fremdheit zu bewältigen. Man könnte ganz einfach sagen: mit sich selbst und den anderen zu Frieden zu kommen.

Für die Harmonie von Körper und Seele braucht es eine Identität und eine Rolle im Leben, die den Verstand mit den Bedürfnissen und Nöten des Leibes in Einklang bringt. Ein inneres Ohr für die Botschaften des Körpers und des Unbewußten ist hilfreich, vor allem dann, wenn die Botschaften sehr verschlüsselt gesendet werden, wenn sie von den lauten Forderungen der Sitten und Moden übertönt werden.

Weder das magersüchtige Model noch der sich bis zum Herzinfarkt um Haus und Familie sorgende Schwerarbeiter leben in Harmonie. Doch auch eine Nonne oder ein Bauer im ancient regime trafen es mit

Askese und Berufsstress nicht besser. Ihre Identitäten und Positionen in der Gesellschaft mögen klarer gewesen sein, aber Sitten und Natur ließen ihnen wenig Spielraum, den eigenen inneren Programmen zu folgen.

Noch schwieriger ist die Bewältigung von Fremdheit. Um mit Fremden Frieden zu halten gibt es nur zwei Möglichkeiten: die Fremdheit durch Näherung abzubauen oder sich einer schlichtenden Autorität zu unterwerfen. Beide Strategien gehören zum Repertoire der Friedensstifter.

Um Fremdheit in Freundschaft überzuführen braucht es mehr als einen Schiedsspruch. Welche Strategie besser ist, hängt von den Umständen ab. Gerichte sind genauso wichtig wie Tempel oder Klubs. Doch welche Bedeutung man dem einen oder anderen zumißt, spiegelt den Charakter einer Gesellschaft. Autoritäre Gesellschaften schlichten durch Gesetz und Ordnung, demokratische Gesellschaften vertrauen eher auf den Diskurs und die Begegnung, auch wenn da die Realität den Idealen so manchen Streich spielt.

Die drei Idealtypen Schamane, Priester und Therapeut stehen für drei große Stufen gesellschaftlicher Evolution und damit auch für drei Muster sozialer Systeme, wenngleich sie alle drei heute noch, ineinander verschachtelt, existieren.

Es handelt sich in den vorzivilisatorischen Stammesgesellschaften um den Stamm oder Clan, der in sich geschlossen und überlebensstark ist. Die zweite Stufe ist charakterisiert durch den Staat, die Civitas, die Religionsgemeinschaft, deren feste Strukturen in Stände, Klassen oder Schichten gegliedert sind und durch Ideen und Symbole zusammengehalten werden. Die dritte Stufe ist die Technostruktur, die moderne Technikgesellschaft, die postindustrielle Demokratie, die multikulturell, global vernetzt, offen oder lose über technische und organisatorische Netzwerke und Funktionsnotwendigkeiten zusammengekettet ist.

Diese drei Formen sind über lange Menschheitsepochen aufeinander gefolgt. Der Stamm und das Schamanentum sind so alt wie die entwickelte Semantik der menschlichen Sprache, also um die hunderttausend Jahre. Den Staat bauten Priester und Könige vor etwa zehntausend Jahren in den fruchtbaren Überschwemmungslandschaften am Hoang Hu, Indus, Nil, Euphrat und Tigris. Ansätze zu den modernen Technostrukturen gibt es erstmals im späten europäischen Mittelalter. Sie kann nicht einmal auf tausend Jahre zurückblicken. Sie ist auch noch nicht voll ausgebildet.

Alle drei Formen leben heute noch nebeneinander in dieser Welt.

Die Stammesgesellschaften mit ihren Schamanen sind freilich zurückgedrängt worden an die ödeste Peripherie der Kontinente, in die Arktis, in die Wüsten und in den dichtesten Tropenwald. Und die moderne Technostruktur ist erst in einigen Ballungszentren der Erde voll erblüht. Selbst dort, wo sie am weitesten gediehen ist, in der „Banane" von Südengland über das Rheinland, die Schweiz, die Lombardei und das Piemont bis Marseille und Barcelona, an der Ostküste der USA, um Tokio und Yokohoma, herrscht nicht die reine Marktwirtschaft und Rationalität.

Innerhalb ihrer Verwaltungen und Organisationen, aber auch in den Unternehmen der globalen Märkte und der Wissenschaften entdeckt man bei genauerem Hinsehen die geschlossenen Stammesgesellschaften der Cliquen und Teams, intiuitiv–charismatische „Medizinmänner" und „Häuptlinge".

Es sei daher die Hypothese gewagt, daß die drei Typen der gesellschaftlichen Bindung und ihrer „Seelsorger" noch lange nebeneinander bestehen werden. Ob für immer, das wage ich nicht zu behaupten. Vielleicht bringt die kulturelle Evolution ja eine vierte Art der Befriedung hervor, die weder Schamanen noch Priester oder Therapeuten benötigt.

Wie lösen nun die drei höchst unterschiedlichen Figuren das Problem der Harmonie von Körper und Seele und die Bewältigung der Fremdheit? Im Verweis auf ein Ideal. Denn nur dort treten die Unterschiede markant hervor.

Die Schamanenpraxis zielt auf eine Versöhnung des Leib-Seele-Problems mit Hilfe der Natur. Naturheilmittel, Naturmagie und Rituale der Beschwörung sollen das Drohende außerhalb des eigenen

Leibs bannen. Leib und Seele werden als Einheit gesehen, zusammengehalten durch den Druck der Natur, eingebettet in einer vertrauten Gemeinschaft, stets von Feinden bedroht. Der Schamane besitzt mehr Wissen als andere. Er kennt die Pflanzen, Tiere und Sterne, aber er hat kein Monopol.

Der Priester in seiner strengsten Form steht hingegen außerhalb der Gemeinschaft. Er ist kein gewöhnlicher Mensch, sondern geweiht oder erwählt von einer höheren Instanz. Der Priester vermittelt zwischen Seele und Gott, schützt das Geistige vor dem Leiblichen. Die Körper-Seele-Harmonie soll mittels der Askese die Herrschaft des Geistes über den Leib besiegeln.

Auch die säkularen Religionen, die politischen Glaubenslehren – Nationalismus, Sozialismus und Kommunismus – haben in ihren Predigern, Märtyrern und Kommissaren das Priestertum nachempfunden. Auch sie wollten die Seele, ohne Rücksichtnahme auf den Leib, mit dem Reich der Ideen verkuppeln. Der Erfolg war nur kurzfristig.

Die Priester werden neuerdings mehr und mehr von den Psychotherapeuten konkurrenziert. Er behandelt allerdings nicht die Gemeinde der Gläubigen, sondern den einzelnen Menschen. Während der Schamane zwischen Mensch und Natur vermittelt, der Priester zwischen Mensch und Gott, versucht der Therapeut direkt zwischen Leib und Seele Frieden zu stiften.

Der Klientenkreis, der einen Therapeuten aufsucht, erwartet die Versöhnung des böse gewordenen Körpers mit der gekränkten Psyche. Es herrscht die Übereinkunft, daß der Therapeut die Botschaft des Körpers und die Sprache des Unbewußten besser versteht als der Klient selbst.

Die Bewältigung der Fremdheit läßt sich aus dem Umgang mit dem Körper-Seele-Problem ableiten.

In der Schamenenkultur wird das Fremde als das Bedrohliche und Gefährliche, aber auch als das Verlockende gebannt, weil man fürchtet, es könnte sonst von einem Besitz ergreifen. Eine körperliche Krankheit wird als Fremdes, das in den eigenen Körper eingedrungen ist wie ein aufdringlicher und böser Geist, verstanden. Fremde vom anderen Stamm wurden mit derselben Magie beschworen wie bedrohliche Kräfte der Natur.

Den Priestern ist alles Leid eine Prüfung Gottes, eine Strafe für die unvermeidliche Schuld. Der Schuld-Opfer-Mechanismus in den Priesterkulturen bietet die Grundlage für die Einordnung in große zivilisatorische Gemeinschaften mit ihren erhöhenden und erniedrigenden Randordnungen. Für das Fremde gibt es in den Priesterkulturen, ob religiös oder säkular, zwei Verfahrensweisen: die der gemeinsamen Gotteskindschaft mit dem Zwang zur Mission und die der totalen Verwerfung bis zum Scheiterhaufen oder zum Holocaust.

Fremdheit konnte damit auch in sehr großen heterogenen Gesellschaften über lange Zeiten auf ein lebbares Maß reduziert werden. An den Außengrenzen und inneren Bruchlinien aber bedeutete es Krieg und Vernichtung.

Aus der Sicht des Therapeuten erscheint ein solches Bruder-Feind-Denken als Wahn, als kollektive paranoide Schizophrenie. Im therapeutischen Paradigma gibt es nur eine Fremdheit, die in uns selbst nistet. Sie äußert sich in den psychosomatischen Botschaften des Körpers, im Konflikt der Triebe und der psychischen Reaktionsmuster, die der logischen Rationalität des Bewußtseins immer fremd gegenüberstehen. Jedes therapeutische Bemühen zielt auf die Auflösung solcher Fremdheit. Die Fremdheit zwischen verschiedenen Ethnien und Kulturen ist da nur Ausdruck individueller innerer Konflikte. Fremdenhaß wird als Xenophobie diagnostiziert.

Ob das hilft? Das Zeitalter der Therapeuten ist noch zu jung, um aus der historischen Erfahrung ein Urteil fällen zu können. Weitere Fragen bleiben offen: kann man Menschen helfen, die nicht von sich aus Hilfe suchen? Und wie regelt sich die Beziehung zu nicht therapeutisch gesteuerten Kulturen? Ist der Zugang zu Therapie nicht eine Frage des privaten Geldbeutels und der sozialen Schicht, aus der man stammt?

Zum Abschluß meiner sicher groben Simplifizierung der kulturellen Evolution am Beispiel der Symbolgestalten Schamane, Priester und Therapeut möchte ich zwei Überlegungen zur Diskussion stellen:

Jede Stufe einer kulturellen Entwicklung schafft ihre eigene Vollkommenheit – als Ideal und als Maßstab. Daraus folgt, daß Schamane, Priester und Therapeut immer nebeneinander bestehen werden. Sie sind nur kulturelle Fixierung und Übersteigerung der unterschiedlichen Herangehensweisen, mit denen Menschen ihre sozialen Probleme bewältigen.

5. Demokratie lernen

Leben lernen heißt Konflikte bewältigen lernen. Die Chance besteht darin, daß wir dazu immer mehr selbst fähig werden, ohne Schamanen, Priester, Therapeuten. Geht das?

Statistisch betrachtet drängt sich natürlich die uralte Frage auf: wieviel Gerechte braucht es, um eine Stadt vor dem Fluch Gottes zu retten? Oder wissenschaftlicher ausgedrückt: Wie hoch ist die Korrelation zwischen psychischer Gestörtheit in einer Gesellschaft und der Wahrscheinlichkeit ihres Zusammenbruchs? In einer Zeit des Übergangs ist Verstörung unvermeidlich. In der Demokratie spiegelt sich das in den Wahlergebnissen. Parallel dazu wachsen aber auch die Kräfte, die Probleme zu bewältigen. Aufwärtsbewegungen sind schwerer wahrzunehmen. Doch Kriminalität, Krankheit und Angst lassen sich messen, und da stehen wir, in Europa, eigentlich ganz gut da. Die mit der demokratischen Meinungsfreiheit verbundene Medienfreiheit zeichnet nur ein pessimistischeres Bild. Das macht Angst. Doch damit müssen wir leben lernen.

Statt einer theoretischen Konzeption möchte ich zwei Projekte aus meiner eigenen Arbeit vorstellen: das Demokratiespiel KISMET und die Aktion „Spielzeugfreier Kindergarten."

Das Demokratiespiel KISMET ist ein Gruppenspiel, das von mir und Angelika Piereder-Hagen unter tatkräftiger Mithilfe von Gruppentherapeuten entwickelt wurde. In mehreren Versuchsgruppen und einigen Wiener Schulen wurde es bereits angewandt.

Maximal dreißig Spieler suchen ein Konflikt-Thema, das die Gruppe in zwei Lager teilt. Die Gruppe muß sich im Konsens auf eine Form der Entscheidungsfindung festlegen: durch Abstimmung mit einfacher oder qualifizierter Mehrheit wie in der direkten Demokratie, durch Abstimmung in einer Untergruppe von Vertretern wie in der parlamentarischen Demokratie oder durch Delegation der Entscheidung an einzelne Personen wie in der präsidentiellen Demokratie. Das Prinzip, auf das man sich geeinigt hat, gilt für das ganze Spiel. In einer vorgegebenen Zeit wird nun der Konflikt diskutiert und entschieden. Der Diskurs kann alle möglichen Formen annehmen – offen, ungeordnet, simulierte TV-Diskussionen – nur Handgreiflichkeiten und Beleidigungen sind nicht gestattet. Nachdem in der vorher gewählten Form entschieden – oder auch nur gestritten und nicht entschieden – wurde, müssen alle Spieler die demokratischen Leistungen der Gruppe nach Kriterien wie Information, Konfliktstrukturierung, Diskussionsstil, Machtbegrenzung, Gerechtigkeit der Entscheidung, Treue zu Normen und Prinzipien benoten. Dann erfolgt ein Rollentausch. Der letzte Spielteil verlangt von den beiden Lagern, ihre Argumente und mögliche Lösungen als pantomimische Szenen darzustellen.

Das Spiel vermittelt einige ganz banal klingende, aber in der Praxis ganz schwer zu verwirklichende Ideen über die Demokratie: Demokratie ist Konfliktlösung im Konsens, die Interessen und Meinungen der anderen müssen geachtet werden. Es gibt keinen Konflikt, der nicht friedlich zu lösen wäre. Das gelingt meist nur über Kompromisse, manchmal durch das Finden völlig neuer Ideen. Dann stellt sich ein neues Problem: Wer muß zugunsten der Innovation verzichten. Von der Politik zu fordern, sie möge ohne „Parteienstreit“ und ohne „faule Kompromisse“ auskommen, würde in der Konsequenz den Weg in die Diktatur bedeuten.

Demokratie ist eine graduelle Angelegenheit und sie ist erlernbar. Das Demokratiespiel, das vom Herbst 1998 an in der Pädagogischen Akademie des Bundes in Wien als fakultatives Lehrfach bei zukünftigen Lehrern eingeführt wird, könnte das gesellschaftliche Lernen beschleunigen. Wenn die Bürger Mitdenken und Mitbestimmen nicht gewöhnt sind, wenn es an Information fehlt, wenn die Regierenden ein Machtmonopol haben, dann gibt es auch mit einer demokratischen Verfassung nur ein Minimum an Demokratie.

Als zweites Beispiel einer optimistischen Innovation stelle ich das Projekt „Spielzeugfreier Kindergarten“ vor.

In einem Lehrkindergarten der Stadt Wien wurde für drei Monate sämtliches Spielzeug weggeräumt. Den Kindern sagte man, es sei „auf Urlaub gegangen“. In dieser Zeit entwickelten die Kinder ihre eigenen Spiele aus den Gegenständen des Alltags. Sie erfanden Gruppen- und Rollenspiele. Die systematische Beobachtung von Expertinnen des Österreichischen Instituts für Berufsbildungsforschung kam zu erstaunlichen, statistisch meßbaren Ergebnissen: In der spielzeugfreien Periode waren die Kinder kreativer und entwickelten beachtliche Fähigkeiten an sozialer Intelligenz.

Der Versuch, der manchen Kritikern ein Dorn im Auge ist, weil er an Kindern unternommen wurde, beruhte auf der These, daß Suchtverhalten durch die Gewöhnung an Tröstungsmittel schon in der Kindheit geprägt wird. Modernes, besonders mechanisches und elektronisches Spielzeug, das den Kindern die oft mühsame Auseinandersetzung mit der Realität erspart, so die weitere Überlegung, könnte das Suchtverhalten im späteren Leben fördern. Natürlich wäre es zu platt, das Spielzeug allein als Täter zu überführen. Es kommt immer darauf an, wieviel Enttäuschung und Stress ein Kind in seinem Lebensumfeld verarbeiten muß, wie stark seine Widerstandskräfte sind, ob es von den Eltern gestützt oder verunsichert wird.

Doch die Versuche mit einer neuen Spielpädagogik, sytematisch erforscht, sind vielversprechend.

6. Weniger Kinder

Die Zukunft unserer Gesellschaft ist mit der Bevölkerungsentwicklung der Menschheit zutiefst verbunden. Auf den ersten Blick scheint die Diagnose ganz klar: Die Erde ist schon dicht genug bevölkert, das explosive Bevölkerungswachstum stellt eine Bedrohung dar.

Auf den zweiten Blick ist die Sache schon schwieriger: Die moderne technische Landwirtschaft ist durchaus imstande, auch noch einige Milliarden Menschen mehr zu ernähren. Die technischen Möglichkeiten ließen es theoretisch zu, auch die Umweltbelastungen abzufangen. In einigen der dichtest besiedelten Zonen der Erde schrumpft die Bevölkerung bereits.

• Als in österreichischen Zeitungen Meldungen lanciert wurden, daß die Kinderzahlen sinken, wurde dies als Hiobsbotschaft aufgefaßt und entsprechend pessimistisch kommentiert. Die Frage, wer einmal unsere Pensionen zahlen werde, wurde aufgeworfen und die Befürchtung wurde laut, daß es bald mehr Ausländer als Österreicher bei uns geben werde.

Kinder als Versicherungspolizze für die Zukunft? Oder gibt es ganz einfach einen genetischen Wachstumstrieb, der sich zu seiner Durchsetzung mal ökonomischer, mal ideologischer Argumente bedient? Kann ein Mehr nicht auch schaden?

Ich möchte dazu auf eine autobiographische Familienepisode zurückgreifen.

In der bildungspolitischen Analyse der OECD aus dem Jahr 1997 haben Österreichs Grundschulen, neben dänischen, norwegischen und belgischen, zahlenmäßig ein besonders günstiges Schüler-Lehrer-Verhältnis. Auf einen Lehrer kommen neun Schüler. In den USA sind es 18, im Durchschnitt 17.

Das hat mit Bildungspolitik zu tun, aber auch mit der geringeren Kinderzahl. Sind kleinere Klassen, weniger belastete Lehrer und mehr Unterrichtsstunden ihr Geld wert? Alle Untersuchungen zu diesem Thema sagen ja. Es verbessert die Ergebnisse bei Leistungstests. So gesehen haben geringere Kinderzahlen langfristig vorausgedacht und nicht bloß auf die Pensionskassen schielend, eine durchaus positive Bedeutung.

7. Frauen und Männer

Ist die Emanzipation der Frauen gelungen? Oder wenigstens ein ordentliches Stück fortgeschritten? Die Leiden der Menschheit sind nach wie vor ungleich verteilt. Die Armen, die Besiegten, die Schwächeren und die Behinderten leiden mehr. Und die Frauen. Als Frauen? Oder liegt es an den Gesellschaften, wenn Frauen ärmer, unterdrückter und machtloser sind?

In manchen Kulturen Afrikas wird Frauen heute noch durch die Verstümmelung ihrer Genitalien die Liebeslust verwehrt. Sie werden dadurch zu Gebärmaschinen und Arbeitstieren degradiert. Andere Kulturen, auch unsere gehört zum Teil dazu, erniedrigen Frauen zum bloßen Schmuckstück und männlichen Lustobjekt.

Grosso modo können Frauen weniger über sich selbst bestimmen als Männer, sie sind stärker ans Haus gebunden, sie werden schlechter bezahlt.

• Wenn der Umgang mit Frauen ein Maßstab für den Erfolg der kulturellen Evolution ist, wie gut gingen dann erfolgreiche Gesellschaften mit den Frauen um?

Ein wichtiges und meßbares Kriterium ist die Teilhabe von Frauen an Macht und Besitz. Im römischen Reich, sagen Historiker, sei das Christentum von den reichen Witwen finanziell getragen worden. Ohne sie hätte die „Religion der Armen“ die antike Zivilsation nicht durchdringen und ablösen können. Das Christentum dankte es ihnen mit der Marienverehrung und dem Ausschluß aus dem Priestertum.

In Skandinavien nehmen Frauen traditionell eine weitgehend gleichberechtigte Rolle in der Gesellschaft ein. Bei den Tuareg in der Sahara und bei einigen Bergvölkern des Himalaya wurden zum großen Erstaunen der Ethnographen sogar Vielmännerei registriert. Polyandrie, wie dies im Gegensatz zur Polygamie bezeichnet wird, führte aber nie zur Ausbildung von Serails nach orientalischem Muster. Sie war ökonomisch begründet. Es ging einfach um mehr männliche Arbeitskraft und weniger hungrige Kindermäuler.

Es scheint eine Beziehung zwischen schwierigen Lebensbedingungen und frauenfreundlicher Kultur zu geben: Die Frau ist freier in der Wüste und auf den Almen. In der vaterlosen Armutskultur der amerikanischen Negersklaven gilt sie mehr als in den wohlhabenden Schichten der reichen Gesellschaften.

Das würde bedeuten, daß im Prozeß der Zivilisation die Ungleichheit zwischen Männern und Frauen größer geworden ist. Vieles spricht dafür.

Die Theorie vom Matriarchat in den frühesten Hochkulturen konnte in ihren simpleren wissenschaftlichen Versionen nicht bestätigt werden. In den voragrarischen Gesellschaften waren die täglich von Frauenhand gesammelten Früchte zwar die Hauptnahrungsquelle, doch eine besondere Macht wurde ihnen deshalb nicht zuerkannt. Doch je höher sich eine Gesellschaft entwickelte, desto dominanter wurden die Männer.

Seit mehr als einem Jahrhundert deutet sich aber ein eindrucksvoller Prozeß an: Die Emanzipation der Frau – und zwar zuerst und am raschesten in den reichsten Gesellschaften. Ist die Emanzipation vielleicht nur Schein, ein Trick der modernen Gesellschaft, Frauen in eine neue Unterwerfungsrolle zu locken, ihnen in der zukünftigen Dienstleistungsgesellschaft erst recht jede Plackerei aufzupacken, zur Kindererziehung die Niedriglohnarbeit dazu?

Die Forderung der Emanzipation zielt auf die Gleichheit der Geschlechter. Gleichheit worin?

Daß auch Männer schwanger werden können und Kinder gebären, bleibt Komödiengag. Mit den Techniken der Geschlechtsumwandlung und Organtransplantation wäre es theoretisch vielleicht sogar möglich, Menschen zu produzieren, die in einer artifiziellen Konstruktion Mann und Frau zugleich wären. Der Weg der Evolution ist es sicher nicht. Evolution will Komplexität. Gleichheit, die auf Kosten der Vielfalt geht, hat im Wettlauf der Kulturen keine Chance.

Gleichheit muß Verschiedenheit erlauben. Zuerst ist also zu klären, wer da gleich sein soll.

Der einfachste Fall, für die Mann-Frau-Beziehung vielleicht der Wichtigste, ist die Paarbeziehung zwischen Menschen, die in der westlichen Kultur in den Begriffen der Ehe, Liebe und Freundschaft unterschieden wird. Gleichheit in einem großen sozialen System, in einer Firma, in einer Partei oder in der Gesellschaft, folgen anderen Regeln. Zwei Beispiele sollen das klarmachen:

Frau Direktor A., die als junge Kosmetikerin den soignierten Herrn Kommerzialrat Dr. A. bezaubert hatte, wird als aparte, junge Vorzeigefrau von ihrem Gatten verwöhnt, aber eifersüchtig überwacht und nicht selten auf ihre Unterlegenheit und Abhängigkeit hingewiesen. Für ihn ist es die vierte Ehe, und im fortgeschrittenen Alter schätzt er die Kombination von Attraktivität und Unterwürfigkeit, die er mit diesem weiblichen Schmuckstück eingekauft hat. In der Paarbeziehung ist Frau Direktor (in Österreich oft noch nach dem Gatten „Frau Direktor") alles andere als gleich, in der Gesellschaft genießt sie einen sozialen Status, der sie über die meisten Männer, etwa über alle Untergebenen des Direktors, erhebt. Frau Direktor A. gehört nicht zu den Frauen, die in dieser Kultur benachteiligt oder unterdrückt sind.

Frau Direktor B. ist geschieden, Alleinerzieherin eines zwölfjährigen Sohnes und einer dreijährigen Tochter und leitet eine Schule. Sie lebt mit einem jungen Lehrer zusammen, der sich um die Kinder kümmert, einkaufen geht und sie offenbar wirklich liebt. In ihren persönlichen Beziehungen hat sich Frau Direktor B. nie unterlegen gefühlt und beruflich ist sie weit gekommen. Dennoch fühle sie sich diskriminiert, sagt sie. Ihre Kollegen und Kolleginnen an der Schule ließen sie als geschiedene Frau ihre Verachtung fühlen. Männer würden sie mit anzüglichen Frechheiten belästigen. In der Partei, für die sie sich engagiere, sei sie von einem männlichen Konkurrenten von einem aussichtsreichen Listenplatz verdrängt worden. Sie fühle sich oft erschöpft, mutlos und depressiv. Sie fühle sich, sagt sie, als ob sie sich selbst befreit habe, die Gesellschaft ihr aber die Anerkennung dafür versage.

Gleichheit in persönlichen Beziehungen ist eine subjektive Angelegenheit. Gleichheit in hierarchischen Strukturen ist nicht möglich. Wer die Macht hat, über das persönliche Schicksal anderer zu entscheiden, über Kündigung oder Beförderung etwa, kann auch bei größter Wertschätzung für die persönlichen Qualitäten des anderen die Ungleichheit nicht verleugnen.

In der intimen Beziehung kann Gleichheit nur persönlich empfunden werden. Wertschätzung, Vertrauen, gegenseitige Achtung müssen bezeugt werden. Die Ekstase der Leidenschaft kann vorerst Gesten und Worte der Demütigung und Unterdrückung überdecken. Doch Menschen, deren soziale Intelligenz nicht ganz verkümmert ist, spüren auch kleine Signale der Mißachtung. In einer Macho-Kultur lernen Frauen ihre Unterdrückung hinzunehmen.

Das Problem der subjektiven psychischen Wertung in persönlichen Beziehungen ist in allen Kulturen ein zentrales Thema. In den Heldensagen und den großen epischen Dichtungen geht es um die Ehre zwischen Männern, um die Eifersucht zwischen Frauen, doch auch um die Machtverteilung in der Ehe. Das Ideal der romantischen Liebe ist eine Erfindung der Neuzeit. In den vergangenen Jahrzehnten hat in unserem Kulturkreis die Thematisierung des Zusammenlebens von Frauen und Männern schon nahezu inflationäre Ausmaße erreicht. Ist das der Reflex auf eine Entwicklung hin zu mehr Gleichheit oder sind bloß die Stimmen der Unzufriedenen lauter geworden?

Subjektive psychische Empfindungen hinterlassen, außer in der Kunst, kaum historische Spuren. Wir können nicht mehr eruieren wie die Frauen der Kreuzritter, die Bäuerinnen und Mägde über die Erzeuger ihrer Kinder dachten. Die wenigen überlieferten Daten lassen jedoch vermuten, daß Gleichheit zwischen Liebenspartnern dort verbreitet war, wo beide Geschlechter weder Geld noch Macht und Ansehen hatten.

Bricht Ungleichheit etwa erst dann in die Liebesbeziehungen ein, wenn auch die soziale Ungleichheit groß ist? Wächst Ungleichheit unerbittlich mit Fortschritt und Reichtum? Oder reguliert die Evolution diese selbstzerstörerische System-Eigenheit?

Zwei Modelle geben darauf eine Antwort: das Modell der zyklischen Katastrophen und das Modell des lernenden Systems.

Nach jeder Katastrophe, nach jedem Rückschlag in der Entwicklung bleibt ein Rest von der in der Not wiedergewonnenen Emanzipation der Frauen erhalten. In den Kriegen etwa, in denen die Männer an der Front sind und Frauen ihre Arbeitsplätze, auch in traditionellen Männerberufen, übernehmen, entsteht bei den Frauen ein neues Wissen über die eigene Lebenstüchtigkeit, die in den Friedensjahren danach nicht verschwindet.

Es gibt natürlich auch Rückschläge. Wir kennen die großen ideologischen Anstrengungen von Parteien oder die Propagandafeldzüge von Kulturen, Frauen auf ihre Mutterrolle oder ein bestimmtes Schönheitsideal zu verpflichten.

Aber wohin führt uns in diesen Fragen die kulturelle Evolution? Automation und Informationstechnologie lassen die alte Männerarbeit verschwinden. Die Zwei-Kind-Familie und Haushaltsmaschinen schrumpfen die traditionelle Frauenhausarbeit zur Nebenbeschäftigung. Mobilität, die individuelle Suche nach dem Glück, das soziale Netz des Wohlfahrtsstaates lösen die traditionelle Ehe auf.

Skeptiker können auf die Gesetzmäßigkeit verweisen, daß reichere und komplexere Gesellschaften mehr Ungleichheit, auch zwischen Frauen und Männern, hervorbringen. Optimisten können dem entgegenhalten, daß durch Globalisierung, Brain Power und das gigantische Wissen unserer Zeit das gutsituierte Viertel der Menschheit besser leben wird als ein König vor tausend Jahren. Das setzt allerdings ein Netz von globalen Organisationen mit peinlich genauen bürokratischen Macht-Hierarchien voraus, das möglichst alle Menschen in Abhängigkeitsverhältnisse einbezieht, die Gleichheit ausschließen. Die Entpersönlichung durch Bürokratie schützt zwar davor, daß diese Hierarchien privat mißbraucht werden. Es ist aber schwer vorstellbar, daß die persönlichen Beziehungen von dieser gewaltigen Ungleichheit nicht tangiert werden. Immer werden die Mächtigen eine Frau, die sie lieben, mit ihrem sozialen Rang beglücken wollen. Und die Frauen der unteren Ränge werden für ihre Kinder Väter suchen, die Hoffnung geben.

Es bietet sich eine eigenartig einfache Gleichung aus zwei Kräften an. Die Männer, vom Ernst der Fortpflanzung weniger berührt, basteln an immer komplexer werdenden Zivilisationen. Daß dabei Hierarchie und Macht entstehen, kommt ihrem Spieltrieb nur entgegen. Dem steht der Ernst der weiblichen Naturkraft entgegen, das Gesetz der biologischen Evolution: möglichst starke, lebenskräftige Kinder zu gebären.

Die kulturelle Evolution bedient sich der Naturgewalt, um möglichst starke und gesunde Individuen hervorzubringen und sie nützt den Spieltrieb des Menschen, der sich bisher im Mann leichter entfalten konnte, um eine starke und intelligente Gesellschaft hervorzubringen. Da aber das soziale System immer aus Einzelnen besteht, verlierte eine noch so perfekt organisierte Gesellschaft, wenn sie einen Teil ihrer Mitglieder unterdrückt, früher oder später den Wettbewerb. Andererseits könnte sie gegen besser organisierte Systeme auch nicht bestehen, wenn sie nur auf die mütterlichen Kräfte der Familie setzte.

Es ist die Balance zwischen den Kraftfeldern von weiblichem Ernst und männlichem Spiel, zwischen Individualismus und Organisation, zwischen Kohärenz und Innovation, die den Weg der Evolution bezeichnet.

Kann die Emanzipation auf solch verschlungenen Pfaden, in diesen Windungen des Fortschritts, einer eigenen Bahn folgen? Wohl nur, wenn die Gleichheit der Menschen einen evolutionären Vorteil bietet. Das ist der Fall, wenn sich Selbstwertgefühl in Motivation umsetzt und Leistungen hervorbringt, wenn Dünkel und Dominanz zurückgedrängt werden.

8. Die Evolution der sozialen Sicherheit

Die Chancen der modernen Gesellschaft liegen darin, jene Entwicklungen zu beschleunigen, die ohnehin zu einer sanften Regulierung der jeweiligen Probleme hinsteuern.

Die soziale Sicherheit gehört zu den großen Triebkräften der Modernisierung. Reichtum und Komfort, alle Wohltaten der modernen Technik, wären nicht imstande, die Sprengkraft gesellschaftlicher Konflikte zu entschärfen, wenn das Risiko an Seuchen und Krieg frühzeitig zu sterben, noch so groß wäre wie im Mittelalter. Die Wohlfahrtssysteme mit ihren Bürokratien und Bürgervertretungen gehören zu den Wunderwerken unserer Zeit. Auf den globalen Märkten übertreffen die Geldanlagen der Pensionsfonds selbst jene der Industrie. Erstaunlich ist, daß kaum natürliche Instinkte diese Riesenapparate begründen. Sie sind in erster Linie eine zivilisatorische Leistung und damit ein Beispiel, wie sich die Zukunft dieser Gesellschaft entwickeln könnte.

Der Traum von der Unverletzbarkeit, Schmerzlosigkeit und Geborgenheit ist universell. Ebenso das Streben, den Zustand des Genießens und den Glücks möglichst lange zu erhalten. Das haben wir mit den Tieren gemeinsam. Der biologische Vorteil des Lustprinzips liegt darin, daß man dazu angetrieben wird, für sich selbst zu sorgen und auf die eigene Sicherheit bedacht zu sein. Lebewesen mit einem weniger ausgeprägten Trieb zum Überleben sterben aus. Wo immer es zum Wettbewerb kommt, die Gene mit dem besseren Sicherheitsprogramm setzen sich durch.

Bei den höheren Tieren hat die Evolution ein zweites Prinzip hervorgebracht: die Sorge um die Nachkommen, die Brutpflege, die Mutterliebe. Der Vogel, der in seinem Nest über den Eiern sitzt, flüchtet nicht so leicht. Er riskiert seine eigene Sicherheit, um seine Brut zu schützen. Mutterkühe säugen ihre Kälber dann noch, wenn sie selbst schon hungern. Elterntiere setzen zur Verteidigung ihrer Jungen notfalls das Leben ein. Mutterliebe und Kampfbereitschaft für die eigenen Blutsverwandten sind ein Test in der evolutionären

Auslese. Der aufopfernde Schlag zeugt mehr und gesündere Nachkommen.

Für die Kinderaufzucht und die Verteidigung der Gemeinschaft hat die biologische Evolution mit Instinkten vorgesorgt. Doch wie steht es mit der altruistischen Sorge um die Alten, Kranken und Schwachen? Kann der moderne Sozialstaat hier mit dem genetischen Outfit des Homo sapiens rechnen?

Es gibt nur wenige Tiere, die Fürsorge für ihre Artgenossen zeigen. Bei Delphinen konnte man beobachten, daß sie sich um geschwächte und verletzte Mitglieder des Schwarmes kümmern. Auch Menschenaffen schleppen Verletzte eine Zeitlang im Rudel mit. Fürsorgliches Füttern und Pflegen bis zur Gesundung ist dagegen unbekannt. Einen eigenen Instinkt zur Krankenpflege scheint die Evolution nicht hervorgebracht zu haben. Krankheit und Tod dürften eher genetische Programme der Angst und Beunruhigung auslösen. Die weitverbreiteten Vorurteile gegen Verstümmelte, Behinderte oder sonstwie von der Körpernorm Abweichende lassen einen angeborenen Mechanismus vermuten. Buckel und Klumpfuß sind nicht nur in der christlichen Tradition mit dem Bösen verbunden. Die Ästhetik des gesunden Körpers hat tiefe genetische Wurzeln.

Die biologische Evolution hat gerade so viel Fürsorge für Kranke genetisch verankert wie es zur Überlebensfähigkeit der Horde notwendig ist.

Die Altersfürsorge ist nicht erblich angelegt, die Ehrfurcht vor dem Alter dagegen schon. Bei Gorillas und Schimpansen nehmen ältere Männchen mit weißer Mähne in der Regel Führungsrollen ein. Sie müssen ihre Position aber gegen nachdrängende Aspiranten hart verteidigen. Wenn ihre Schlauheit die Schwächen des Alters nicht mehr verdeckt, werden sie gnadenlos hinausgebissen.

Die kulturelle Evolution der sozialen Sicherheit beruht auf einer äußerst schwachen Basis altruistischer Instinkte. Der Mensch ist seiner Anlage nach „gnadenlos" außer zu Kindern, zu lebenstüchtigen Kranken und besonders geachteten Mitgliedern der Gemeinschaft.

Die zivilsatorischen Anstöße zu dem, was wir heute als Alterssicherung kennen, kamen zuerst von den Begüterten und Mächtigen, die sich um sich selbst sorgten. Mit der ökonomischen Kraft der Familie entwickelte sich das Fürsorgeprinzip innerhalb der Blutsverwandtschaft. Ein modernes Prinzip ist die neue Gemeinschaftsethik.

Wer Waffen und Schätze angesammelt hatte, konnte Krankheit und Alter entschärfen. Der Großbauer richtete sich sein Austragsstüberl und eine Truhe Geld für den Notfall. Der Feudalherr umgab sich mit Dienern und Getreuen, die ihn in seiner Burg noch als lebenden Leichnam verteidigten. Der Herrscher ließ sich ein Grabmal bauen, in dem er noch Hunderte Jahre nach seinem Tod in „sozialer Sicherheit" thronen durfte. Die Vorstellung vom Weiterleben nach dem Tod spricht den Instinkt zur Selbsterhaltung so mächtig an, daß sie zu einem der wichtigsten Vehikel kultureller Evolution in der westlichen Zivilisation wurde. Sie war letztlich in der Entwicklung der religiösen Ethik und ihrer ideologischen Erben im Wohlfahrtsstaat auch die Triebkraft zur Herausbildung der modernen Sozialfürsorge durch Gemeinschaftsethik.

Die Kultur der Familienvorsorge gewann rasch an Boden, als es nicht mehr bloß um die nackte Existenzsicherung ging. Die bürgerliche Familie entstand, als Realität wie als Ideal. Auch die Ärmeren strebten nach dem Ideal dieser sozialen Sicherheit. Bis heute gehören zum Alltagsbild der Städte freilich die Bettler und Obdachlosen, diejenigen, die niemanden haben, der sich um sie kümmert.

Soziale Sicherheit lag bis ins späte Mittelalter in der engsten Gemeinschaft. Freie Handwerker und Unternehmer, die sich zu Zünften und Gilden zusammenschlossen, halfen einander, auch ohne sich persönlich gut zu kennen oder gar miteinander verwandt zu sein. Die Sicherheit, daß einem auch bei Arbeitsunfähigkeit geholfen wurde, band auch in der Berufssphäre enger aneinander.

Der Durchbruch zur modernen Ethik mit dem Recht auf ein arbeitsfreies Alter auch für Gesunde kam erst spät. Und ganz selbstverständlich ist das auch heute noch nicht überall in der modernen Welt.

Gegen Ende des neunzehnten Jahrhunderts setzte sich das Prinzip der gesetzlichen Sozialversicherung als eigene staatliche Institution im deutschen Reich durch. 1883 entstanden im Rahmen der Bismarckschen Sozialreform die Krankenversicherung, ein Jahr darauf die Unfallversicherung und 1889 die Rentenversicherung für Ältere und Invalide. Das alles galt zuerst nur für die Arbeiter. 1927 kam die Arbeitslosenversicherung dazu.

Warum kam das so spät, dann aber Schlag auf Schlag? Die technische Revolution hat die traditionellen Familienverbande zerrissen und die Arbeiterschaft, die plötzlich massenhaft unter ähnlich unsicheren Bedingungen ihr Dasein fristete, schaffte es durch Organisierung ihrer Interessen, machtvollen politischen Druck zu entwickeln.

Soziale Sicherheit ist heute zu einer Überlebensfrage moderner Gesellschaften geworden. Die Kosten dafür drohen die Budgets zu sprengen. Die Lebenserwartung ist gestiegen, die Medizin wird teurer, die Arbeitslosigkeit nimmt zu. Eine Umschichtung vom Wohlfahrtsstaat zum Minimalstaat würde die Kaufkraft, die Motivaton und das Vertrauen in die Politik schwächen. Eine Balance zu finden, bedarf schon mehr als das Balancieren von Budgets. Was könnte das Neue sein? Gesünderes Leben und Präventivmedizin können langfristig Krankheiten verhindern. Therapien für psychosomatische und psychische Leiden, ehrenamtliche und billige Pflegedienste, Angebote, die die Hilfe zur Selbsthilfe fördern, könnten schon kurzfristig die Kosten senken. Und nicht zuletzt würden ältere Menschen gern mehr und länger arbeiten, wenn es für sie eine passende Arbeit gäbe.

Fazit

Die Bedrohungen der Natur sind eine Gefahr, aber die Wahrscheinlichkeit endgültiger Katastrophen ist verschwindend klein. Es ist eigentlich nur der Zusammenprall eines Himmelskörpers gewaltiger Dimension vorstellbar, der allem Leben plötzlich ein Ende machen könnte. Oder die spontane Entstehung einer Lebensform, ein

Killer-Virus oder ein Killer-Gen, das ohne Bedenkfrist tötet. So etwas trifft einen Planeten vielleicht alle zehn Milliarden Jahre.

Von der Natur kommen aber vielfältige Formen der „harten Regulierung", die den Menschen ebenso grausam treffen können. Durch Übervölkerung und Umweltverschmutzung droht ein Klima-Schock, der Millionen Menschen aus ihrem Lebensraum vertreiben kann. Nahrungsquellen könnten durch Übernutzung versiegen.

Doch diese Probleme kann eine intelligente und rationale Gesellschaft lösen.

Die wahre Bedrohung der Meschheit kommt von innen. Es handelt sich um die Anlage des Menschen zur irrationalen Kurzsichtigkeit bis hin zum kollektiven Selbstmord durch Pessimismus und Implosion, Egoismus und Krieg, Fanatismus und Gewalt, Kurzsichtigkeit und Verschwendung. Schon ein Steckenbleiben in der evolutionären Sackgasse einer mutlosen Bewahrungsgesellschaft würde in ein langdauerndes krisengeschütteltes Zeitalter des verzweifelten Pragmatismus führen.

Wir befinden uns an einer Wegscheide. Es könnten neue Lösungen entstehen. Es ist nicht auszuschließen, daß die Menschheit dabei ist, eine Schwelle zu überschreiten zu Gesellschaften, die um einen entscheidenen Quantensprung intelligenter und anpassungsfähiger sind als die bisherigen. Das wäre kein Schritt in den bisherigen Formen der biologischen Evolution oder der kulturellen Evolution. Weder der Einzelne noch die gesellschaftlichen Kommunikations-und Aktionsnetze oder die politischen Strukturen sind anpassungsfähig und intelligent genug, in diesem rasenden Tempo des Übergangs und der Modernisierung die Probleme rechtzeitig zu erfassen und zu lösen.

Die Rettung kann nur von einem sich selbst entwickelnden System kommen, in dem das menschliche Streben nach Glück mit dem gigantischen Pool der Wissens-und Informationssysteme so verknüpft ist, daß es intelligent und nach ethischen Prinzipien rasch und flexibel reagieren kann.

Es gehört zum Wesen eines solchen Systems, daß es nicht geplant und konstruiert werden kann, daß es von unten herauf wachsen muß, oben aber eines gigantischen Wissens bedarf und einer politischen Schicht, die die Intelligenz dieses Systems in legislatives und exekutives Wissen umsetzt.

Daß so etwas notwendig und möglich ist, versucht dieses Buch zu zeigen. Wie das gehen könnte, dazu wurden einige Hinweise und Beispiele gebracht. Was man dazu tun kann, sollte das Thema des politischen Diskurses im beginnenden dritten Jahrtausend sein.

In diesem Buch herrscht aber ein eigenartiges Mißverhältnis im Zeithorizont.

Die Bedrohungen werden auf Jahrhunderte und Jahrtausende voraus betrachtet. Meteoriten, Killerviren und Seuchen, der große Atomkrieg und die Implosion unserer Zivilisation im sozialen Selbstmord – auf sie wird ausführlich eingegangen, auch wenn sie in den nächsten dreißig Jahren nicht zu erwarten sind.

Die Visionen einer friedlichen, glücklichen Welt begnügen sich hingegen mit der erlebbaren Zukunft.

Psychologisch macht das Sinn. Der Untergang der Menschheit regt uns auch auf, wenn er erst in fünfhundert Jahren droht. Eine Einkommensaufbesserung und die Vorstellung einer Großstadt, in der es nicht mehr nach Abgasen, sondern nach Blumen riecht, langweilen nur, wenn sie erst für die Ururenkel in Aussicht stehen.

Doch gerecht ist das nicht. Die Zukunft unserer Gesellschaft, unserer Kultur, wird nicht in wenigen Jahrzehnten in das gelobte Schlaraffenland führen – auch nicht, wenn der große Quantensprung gelingt zum intelligenten, selbststeuernden System.

Dagegen sprechen die Naturgesetze des Lernens.

Ein positives Szenario mit realistischen Zeitverläufen müßte etwa folgende Richtung einschlagen.

Die globale Demokratisierung gelingt. Bis alle Diktatoren gestorben oder abgetreten sind, bis sich die neuen Demokratien einigermaßen konsolidiert haben, vergehen vierzig Jahre, bis überall das Wählen und Machtdelegieren erlernt ist, weitere 30 Jahre. In 70 Jahren herrscht der „demokratische Frieden", der Krieg zwischen Staaten ist überall so unwahrscheinlich geworden wie heute ein Krieg zwischen Frankreich und Deutschland. Damit werden die gewaltigen Mittel frei, die für Rüstung und Heer aufgewendet wurden. Und die Politik ohne den Rückhalt der Gewalt gewinnt an Boden. Ein solcher Umbau der Normen und Strukturen, die Verwandlung der Landesverteidigung in ein System der psychischen und sozialen Aufrüstung der Gesellschaft geht damit einher, wird aber weitere zwei, drei Berufsgenerationen benötigen, also nochmals sechzig Jahre. Das würde heißen, in hundertdreißig Jahren gäbe es nur mehr eine bewaffnete Weltpolizei – und statt der Heere große Organisationen der Katastrophenhilfe, der sozialen Notdienste und der Jugenderziehung zu körperlichen und geistiger Disziplin und zu Gemeinschaftserlebnis.

Alle diese freigewordenen Ressourcen werden nun (in unserer optimistischen Vision) für die Verhinderung von Gewalt und Selbstmord-Tendenzen in den Gesellschaften eingesetzt – und für das psychische „Empowerment", für die Heranbildung starker, feinfühliger und motivierter Persönlichkeiten. Dazu müssen alle Formen der Kindererziehung, der Präventivmedizin, des lebensbegleitenden Lernens, der Psychotherapie, der Gruppendynamik, der Lebensraumgestaltung und sogar der Humangenetik weiterentwickelt werden.

Ohne starken Evolutionsdruck würde das Jahrtausende brauchen. Denn keine Menge an Nachdenken und Grübeln, kein wissenschaftliches Experimentieren ist imstande, immer bessere Methoden der Menschenbildung und Gesellschaftsformung hervorzubringen. Das ist nur im Experiment des Lebens selbst möglich. Am Beispiel einfacher wirtschaftlicher Unternehmen wird das schon klar. Managementberatung und Technologieangebote, auch in größter Menge und Qualität, können nicht den Wettbewerb ersetzen; allein der stete Zwang, besser zu sein, mit der steten Bestrafung aller Anpassungsmängel, bringt schließlich, neben vielen Fehlstarts und Pleiten, Erfolgsunternehmen hervor. Und wenn schon kleinere Unternehmen bei der Produktion von Gütern und Dienstleistungen so kompliziert funktionieren, daß nur das stete Probieren, also Sich-Erproben, rasche Verbesserungen ermöglicht, um wieviel mehr gilt das für ganze Gesellschaften bei der Produktion von Charakteren, Persönlichkeiten und Verhaltensweisen.

Von der Erfindung des Alphabets bis zur Einführung der allgemeinen Schulpflicht mit der Norm, daß jedes Kind lesen lernen soll – und Analphabetentum ein schwerer Mangel einer Gesellschaft sei, hat es dreitausend Jahre gebraucht. Aber in einer Sklavenwirtschaft und einer Lehensgesellschaft hätte es eher geschadet als genutzt, wenn alle hätten lesen können. Bis weit in die Neuzeit achteten die herrschenden Eliten sorgsam darauf, daß die arbeitende Mehrheit ihre Weltsicht sich nicht selbst aus irgendwelchen Texten zusammenlesen konnte, sondern in den festen kulturellen Paketen der Mythen und Riten aufnehmen mußten. Erst als die kleinen Freiheits-Herde in den städtischen Gilden und in den unzugänglichen Gebieten Europas, auf den britischen Inseln, an den niederländischen Küsten und um die Schweizer Alpenpässe zu überlebensstarken Gesellschaften gewachsen waren und die Druckerpresse erfunden war, breitete sich die Lesekunst wie ein Flächenbrand aus. Der Protestantismus, Träger der kapitalistischen Evolution, gab zum erstenmal in der Geschichte der Buchreligionen allen Bürgern die Bibel zum Selberlesen. Damit bekam der Wettlauf der Kulturen ein neues Tempo.

Der allgemeine Computer-Alphabetismus und der für alle alltägliche Umgang mit den gigantischen Informationsspeichern der modernen Zivilisation wird die kulturelle Evolution in ähnlicher Weise auf eine neue Stufe heben. Eine solche Vision läßt sich schwer mit wenigen Sätzen skizzieren, doch eine vage Vorstellung davon wäre:

Der normale Bildungsstand und das Denkmuster von 90 Prozent aller Bürger entspricht dem eines durchschnittlichen Universitätsprofessors oder Managers von heute – nur mit den sozialen Fähigkeiten eines Therapeuten oder Seelsorgers und der Fitneß eines Skilehrers.

Wenn heute in den erfolgreichsten Gesellschaften die Lebens-Lernzeit etwa halb so lang ist wie die Lebens-Arbeitszeit, so wird in der optimistischen Vision das Verhältnis umgekehrt sein – für jeden Arbeitstag im Leben wird es zwei Lerntage geben. Wie? Pränatale Impressions-Stunden, Spiel-Lernen im Kindergarten, Schulgang normal bis fünfundzwanzig, aber immer begleitet von Arbeitspraxis und vielfacher Lebenserfahrung – und dann lebensbegleitendes Lernen im Beruf und überall sonst, nicht zum geringen Teil auch über die allgegenwärtige Elektronik.

In dieser postmodernen Welt wird es keine Gleichheit geben in Geld, Wissen und Karriere, ja, fast keine Berufe mehr – weil jeder Mensch, jede Familie, jede Nachbarschaft und jedes Unternehmen die eigene „maßgeschneiderte" Persönlichkeit und „Kultur" pflegt. Dabei werden aber die jeweils erfolgreichen Muster und Moden rasch aufgenommen und verbreitet, aber bei Mißerfolg auch bald wieder aufgegeben. Zeitgenössische Beispiele so rapider Ausbreitung wären etwa Handy und Internet, Inline-Skating und Snow-Board, Familien-Aufstellung und Selbsthilfegruppen, die Pille und die Anerkennung (und damit rasche Zunahme) der Alleinerzieher-Elternteile.

Nicht mehr in Jahrzehnten, wie beim Autofahren, Fernsehen oder Skifahren, spielt sich der Innovationsschub ab, von der Initialphase der mutigen Pionier-Gruppen bis zur Verlachung und Ächtung der „Konsumverweigerer" –, sondern in Jahren. Die Modewellen werden so kurz, weil die Massenkommunikationsmittel für eine Innovation, die von starken Finanzkräften getragen ist, in drei Jahren öffentliche Bekanntheit erreichen können (für besonders spektakuläre Neuerungen sogar noch schneller). Wenn dann die ersten Fangemeinden und ähnliche Pionier-Gruppen für die Erprobung wiederum einige Jahre Zeit haben, beginnt schon der evolutionäre Selektionsprozeß – die erfolgreicheren Neuerungen breiten sich dank Werbung und Medien aus, wo die Lernbarrieren zu hoch und Nachteile wie Kosten zu hoch sind, stagniert die Ausbreitung. Eine Katastrophe genügt, um eine Innovation zu killen. Sogar ein bloßes böses Gerücht genügt – denn die Massenmedien leben von den angsterregenden Meldungen („only bad news are good news").

Aber jede kulturelle Innovation hat die Chance der späteren Wiederbelebung. Die Rollschuhe setzten sich nicht durch. Inline-Skating erobert sich sogar die Gehsteige. Die Planwirtschaft der ersten Hälfte des zwanzigsten Jahrhunderts scheiterte furchtbar, das Keynesianische Deficit-Spending wurde zur Rettung vor der „harten Regulation" durch die Konjunktur-Zyklen in der zweiten Hälfte des Jahrhunderts. Die klassische Psychoanalyse mit ihrer aufwendigen Therapie, wie sie Sigmund Freud entwickelt hatte, blieb über Jahrzehnte exklusiver Luxus der Oberschicht; erst seit eine Vielfalt vereinfachter Varianten der Psychotherapie entstanden, gibt es den Therapeuten auf Krankenschein, für alle Sozialversicherten, also praktisch alle Bürger.

Das Resultat solcher Evolutionsbeschleunigung wird eine großartige Vielfalt in ständig neuen Prozessen sein, eine Zivilisation wie ein Kaleidoskop.

Einige Konstanten dieser zukünftigen Gesellschaft werden aber absolut stabil bleiben – weil sie als überlebenswichtig gesehen und mit allen Mitteln festgehalten werden. An erster Stelle steht da die psychische und körperliche Gesundheit, die fast völlige Vermeidung von Psychopathien, von psychosomatischen Krankheitsursachen und von schwerem Streß in Arbeit und Freizeit. An zweiter Stelle kommt die Bildung. Und etwa gleich wichtig wird die Tätigkeit, die Entfaltung der eigenen Identität im Netzwerk der menschlichen Beziehungen genommen werden.

Selbst mit dem heute erst sporadisch erreichten Maximen an Evolutionstempo wird das Wachsen der neuen Gesundheitspflege und Menschenbildung, die Bewältigung des Technik-Schubes, einige Generationen dauern – in den am stärksten benachteiligten Gebieten der Erde bestimmt nicht weniger als zweihundert Jahre. Das ist, aus dem Blickwinkel der Anthropologie und sogar der Geschichte, eine sehr kurze Zeit. Doch ist sie lang genug, daß sich in ihr Katastrophen ereignen könnten, welche die Evolution zur nächsten Menschheitsstufe entscheidend bremsen. Solche Bedrohungen sind in diesem Buch genug beschworen.

Aber auch ohne Katastrophen wäre es möglich, daß dieser Wettlauf der Kulturen zu einer friedlichen, intelligenten und glücklichen Gesellschaft unterbrochen wird.

Eine weltweite pessimistische Stimmung und die wirtschaftliche wie kulturelle Implosion einiger Gesellschaften, verbunden mit gesteigerten Aggressionen, zufällig gebündelt in einer Weltwirtschaftskrise wäre wohl imstande, der Evolution den Wind aus den Segeln zu nehmen. Große gesellschaftliche Neuerungen, Mutationen, die Anstoß zu Entwicklungszyklen geben, werden in einem depressiven Klima leicht entmutigt, zumindest nicht mehr gefördert, durch Befürchtungen und Bedenken gehemmt. Politisch läuft das unter Pragmatismus und Bewahrung des Bestehenden – und eher unter konservativer Flagge. Andererseits und gleichzeitig werden im Zeichen der Implosion alle Notleinen der sozialen Absicherung gezogen, Auffangnetze gestrickt und die Zäune um die einzelnen ökonomischen Gärtchen mit Stacheldraht bewehrt- – dabei bleibt der Wettbewerb auf der Strecke, ohne den sich die Innovationen nicht erproben und bewähren können. Solche Protektionspolitik kann sowohl linke wie rechte Etiketten tragen.

Kurz und politisch: in einer Depression der Stimmung und der Ökonomie behindern alle politischen Richtungen tendenziell die Evolution – ähnlich wie in einem Krieg beide Seiten zerstören. Nur eine Politik des Optimismus, gleich, ob mit etwas mehr Betonung der „sanften Regulation" durch den Staat oder mit etwas mehr Gewicht auf dem Wettbewerb, kurbelt den „Wettlauf der Kulturen" in einer depressiven Phase wieder an.

Aber das ist eigentlich vom Rezept des John Maynard Keynes nicht sehr weit entfernt.

Es gibt auch noch die Hoffnung auf die nächsten großen Technologie-Schübe, auf weitere Kondratieff-Zyklen. Hoffnung darauf, oder Angst davor – jedenfalls steckt in diesen Erwartungen ein Stück Fatalismus, der Glaube, die technischen Innovationen seien naturgegeben, unabhängig von Stimmungen und politischen Programmen.

Zweifellos liegt im Gewinn neuer Technikmacht eine Chance. Und tatsächlich fasziniert an großen technischen „Durchbrüchen" die Gewaltigkeit ihrer Wirkungen – jenseits aller Analysen, welche Vorbedingungen überhaupt erst den Durchbruch ermöglichen.

Nie hat man vorher genau gewußt, wer die Sieger im Wettbewerb der Neuerungen das nächstemal sein werden. Doch ein Verdacht darf hier geäußert werden. Die nächsten großen Innovationswellen könnten aus folgenden fünf Bereichen kommen:

- Informationstechnologie
- Gentechnologie
- Nanotechnologie
- Psychotherapie
- Energietechnologie

Träumen kann man, nach heutigem Wissensstand, in allen fünf, von Wundern.

Ein Quantensprung in der Computertechnologie wäre es, würden die Chips und die Programme potent genug, uns mit Computern zu versehen, mit denen man einfach reden kann. Der Gentechnologie könnte man zumuten, der Medizin die Macht zu geben, nach dem Sieg über die Infektionskrankheiten nun noch alle genetisch bedingten Schwächen zu reduzieren. Der Rest der Erkrankungen gehört dann dem Psychotherapeuten zugewiesen. Einen Durchbruch zu einer Nanotechnologie, welche die Moleküle selbst zu „stillen Arbeitern" macht, würde die Arbeitswelt verändern – es gäbe dann keine Fabriksarbeit mehr, keine Maschinenstraßen und Montagehallen, die industrielle Produktion würde sich in Labors und Shops abspielen. Zusammen mit einem Umbau der Energieversorgung auf Nachhaltigkeit und Umweltschonung würde das auch die Städte und Dörfer verändern, neu schaffen.

Eines ist sicher: Unsere Zivilisation hat nicht die Zeit, sich auf die Zauberlehrlinge dieser Technologien zu verlassen. Wenn man annimmt, daß die sechzig Jahre der großen technischen Kondratieff-Zyklen eine naturhaft gegebene Zeitdauer darstellen (auf den menschlichen Lern-Zyklen beruhend), so würden für die fünf Innovationen an die dreihundert Jahre nötig sein.

Recht plausibel. Nicht viel kürzer würde im günstigsten Fall die Evolution einer stabilen Friedensgesellschaft brauchen. Die Entwicklungen könnten einander stützen: Optimismus und Wissenschaft.

In dieser Verkürzung klingt das etwas abgedroschen: Herz und Hirn, Glaube und gute Taten, Mut und die besseren Waffen, Kommunismus und Elektrifizierung, positives Denken und Benchmarking, Demokratie und Know-how. Die Weltformeln sind wohl immer einfach, banal, unzulänglich, aber auch ein bißchen wahr.

Die nüchterne Frage steht im Raum: Ist die „gute Gesellschaft" dieser Vision überhaupt möglich, auf diesem Planeten und mit dieser Natur – oder wird hier nicht bloß ein alter Traum neu dekoriert, ein Traum, der seit Menschengedenken alle Generationen enttäuscht hat? Und die Forderung folgt sogleich: Zeigt durch Vorbilder, wo eine solche Vision jetzt schon verwirklicht ist, wo zumindest im Kleinen und in den wesentlichen Zügen die Evolution schon um dreihundert Jahre weiter ist.

Die üblichen Ausflüchte auf solche peinlichen Fragen lauten: Der Fortschritt beginnt erst morgen, wenn wir die Schwelle überschreiten – und da niemand in einer Gesellschaft klüger sein kann als das System als Ganzes, kann es Beispiele noch nicht geben. Diese Ausrede hat zwar viel für sich, ist aber zu billig.

Bis dahin, daß alle Menschen eine höhere Bildung haben, Aggression und Kriminalität praktisch nicht mehr vorkommen und das Leben für alle ein Fest ist, bedarf es zweifellos einer Beschleunigung der Evolution, die mit dem Überschreiten einer Schwelle verglichen werden kann. Aber gegen die menschliche Natur geht das nicht. Vor hundertzwanzig Jahren war die Bildungsquote, das heißt, der Anteil der Studenten in Prozent, bei den Zwanzig- bis Vierundzwanzigjährigen in Deutschland bei 0,5 Prozent, in den USA bei 1,5 Prozent. Heute steht in beiden Ländern schon ein Drittel dieser Altersgruppe im Studium. Und die modernen Gesellschaften gehen auf Schulpflicht bis achtzehn zu.

Weltweit und effizienter als heute kann diese Bildungsexpansion in den nächsten zwei, drei Jahrhunderten nur werden, wenn sich die Evolution drastisch beschleunigt. Hunderte Millionen müßten noch schreiben und lesen lernen, auf einem Niveau, das ihnen das Mitdenken und Mitbestimmen ermöglicht. Milliarden müßten mindestens drei bis fünf Lebensjahre länger lernen. Dafür müßte genug Lehrkapazität und genug Geld da sein – und der Erfolgsdruck den Bildungswettlauf der Kulturen anspornen.

Gegen die Natur ist das nur im Ressourcenaufwand, nicht im biologischen Lernvermögen. Aber vielleicht kommen technische Innovationen zu Hilfe: computergestütztes Fernlernen, Unterricht über das Unterhaltungsmedium Fernsehen, Teleworking, Ersatz der weg-automatisierten Arbeit durch Bildungsurlaube, Sabbaticals, betriebliche Weiterbildung – kurz die Verzauberung der Arbeitsgesellschaft zur Lerngesellschaft, der VIP-Gesellschaft zur Chip-Gesellschaft. Die Schwelle, die es dabei zu überschreiten gilt, ist die Einsicht, daß Bildung und Know-how die rentabelsten Investitionen sind.

Aber ist die menschliche Natur nicht aggressiv, zum Frieden ungeeignet? Kann dem ein historisches Crash-Programm der Evolution abhelfen? Auch hier kann man auf die Veränderungen im nun abgelaufenen zwanzigsten Jahrhundert hinweisen, auf die große Wende in der Weltsituation nach dem Schock der dreißigjährigen Zivilisationsimplosion von 1914 bis 1945. So modisch wie die Bildungsexpansion erscheint das nicht. Das Argument, daß heute die Welt friedlicher sei, überzeugt nicht unbedingt. Aber daß einige Teile der Welt, wie die EU-Staaten, Nordamerika und Ozeanien innere Konflikte nicht mehr kriegerisch lösen, ist glaubhaft. Und die Ausdehnung des „demokratischen Friedens" durch transnationale Organisation kann rasch Fuß fassen – da die Vorteile der Friedlichkeit sich schon in den letzten Jahrzehnten durchgesetzt haben.

Von der kriminellen und psychischen Aggression, einzelner und organisierter Gewaltmuster, war schon die Rede in diesem Buch. Erst die große therapeutische und edukative Revolution – mit Umschichtung der Gewaltbekämpfung und Rechtsdurchsetzung von der Abschreckung zur Prävention – kann hier den Quantensprung bringen. Die kulturelle Evolution hat da noch wenig gegriffen. Doch schon sacken Mafia-Hochburgen und Städte, wo man sich in der Nacht nicht auf die Straße wagen darf, ökonomisch ab. Und Sicherheit vor Gewalt wird zum Standortfaktor für Investoren und Wissens-Eliten.

Sind aber die Mitglieder hoch gebildeter und friedlicher Gesellschaften glücklicher? Die Glücksforschung sagt ja, wenn auch mit Vorbehalt. Wem es sehr gut geht, der wird leicht verwöhnt, die Ansprüche steigen mit dem Wohlstand. Diese latente Unzufriedenheit kann, wenn sie nicht zu lähmenden Pessimismus führt, Motor des Fortschritts sein. Die kritische Größe ist der Optimismus. Doch das wurde alles schon gesagt.

Es ist nun Ende Juni – und das Manuskript sollte schon abgeschlossen sein. Die Prospekte sind schon gedruckt, vor einigen Tagen bekam ich einen Stoß davon. Und das steht nun schwarz auf weiß: „Das Buch schließt mit einigen Beispielen, wie es dort aussehen könnte, wohin die Evolution uns führt; Firmen wie Familien, Zusammenleben im Weltraumschiff, erfolgreiche Kibbuzim, weltweite Wissenschafter-Clans, besinnliche Telework-Bauern, helfende Selbsthilfegruppen, Handicaps als Talentsignal, Verlierer als Persönlichkeitsgewinner. Als Fazit prägt sich die Kurzformel ein: Freude für den Einzelnen, Begeisterung für die Gruppe, Intelligenz für das System – und die Gewinner brauchen keinen Sieg mehr."

Da erschrak ich richtig. Denn dieses Versprechen schien mir nun etwas großmaulig. Je näher ich dem Ende dieses Buches komme, um so stärker wird das Gefühl der Unfertigkeit, der offenen Fäden, des Aufbruches statt des Abschlusses. Zehn Jahre, habe ich geseufzt, müßte ich für dieses Manuskript Zeit haben, um es zu einem „großen Buch" zu bauen. Warum nicht gleich dreißig?

Gut, versprochen ist versprochen. Einige Gedanken zu diesem lyrischen Schluß seien noch gesponnen. Als Versuch, doch noch einige Beispiele für die „gute Gesellschaft" zu finden.

Es kann sich nur um kleinere Gemeinschaften handeln, um Gemeinschaften, die sich zusammenschlossen, um besser in allen Hinsichten, also anders zu leben: Alternativkulturen inmitten der bestehenden Kulturen. Denn große, gesamthafte Gesellschaften haben nie auch nur annähernd erreicht, so deutlich friedlicher, gerechter und glücklicher zu leben, daß sie allgemein – und mit einiger objektiver Berechtigung – als Beispiele des Ideals anerkannt werden könnten.

Die westliche Kultur hat zwar immer wieder von den „edlen Wilden" geschwärmt, vom „goldenen Zeitalter" im „Paradies", wo Arbeit und Vergnügen noch eines waren – doch da sah man keineswegs eine städtische Zivilisation vor sich, geschweige denn eine globale „Massengesellschaft", sondern eben nur kleine friedliche Horden von Sammlern und Jägern in einer üppigen Natur. Da scheint es leicht, edel zu sein.

Die großen Entwürfe einer „guten Gesellschaft", wie faszinierend sie auch in ihren Ideen- und Gefühlsgebärden sind, haben immer versagt, nie das geleistet, was sie versprochen haben. Bis heute. Die Philosophie der Antike, der chinesische Konfuzianismus, die Weltreligionen, die politischen Ideologien – alle sind sie in ihrer Gesellschaftsgestaltung weit hinter ihren hehren Idealen zurückgeblieben. Und das, obwohl sie, als gesamtgesellschaftliche Planungsvorlagen über alle Macht verfügten, die verfügbar war: Predigtmonopole, „alleinseligmachende Wahrheiten", Sitten und Gesetze, Gehirnwäsche, Ketzerverfolgung, heiliger Krieg. Langfristig, ja. Im Wettbewerb der Evolution waren viele ihrer Produktionen und Innovationen sehr wirksam. Aber dem eigenen Ziel haben sie sich über dreitausend Jahre nur sehr langsam genähert – eben im Tempo der kulturellen Evolution dieser Epoche. Und die Zweifel an der Erreichbarkeit des großen Traums haften an allen diesen uneingelösten Zusagen von der baldigen Ankunft der „Erlösung". (Und nun aus der Distanz zu trösten, unzählige Menschen seien durch den Glauben daran beglückt worden und der damit genährte Optimismus sei notwendig und nützlich für den Erfolg der jeweiligen Generation in der jeweiligen Gesellschaft gewesen, hat etwas Schulmeisterndes an sich.)

Nun zu den erfolgreicheren Vorbildern.

Wie ich es sehe – und ich weiß mich da ziemlich allein, in meinem intellektuellen Umkreis –, können nur Alternativkulturen, die innerhalb einer Gesellschaft existieren und von dieser Superstruktur gestützt und genährt, aber auch pausenlos herausgefordert werden – bis zum nackten Haß und zur Verfolgung –, sich so weit abschotten, daß sie eine eigene „gute Gesellschaft" entwickeln oder sogar konstruieren können.

Als Experiment der Geschichte kommt das vor allem bei Minderheiten vor.

Die Juden, etwa, wurden gezwungen, mehr als zwei Jahrtausende lang bei den verschiedensten Gesellschaften Unterschlupf zu suchen. Ihre antike Zivilisation des Nahen Ostens bewahrten sie in den Formen sehr konservativ. Und auch, was sie von den Gesellschaften, in denen sie Heimat fanden, übernahmen, wurde diesen Formen angepaßt. Gleichzeitig verbesserten und verfeinerten sie die sozialen Mechanismen ihrer „andersartigen" Kultur.

Die Frage kann hier nur sein: Gelang hier ein Vorbild? Ich meine, schon. Sie kennen, wo sie in der Diaspora lebten, keinen Krieg und keine gewaltsamen inneren Kämpfe. Ihre Gemeinschaften, ob im Familienleben der Orthodoxen oder in den frühen Kibbuzim – bevor diese in den Staat Israel integriert wurden –, waren anerkannt besser, fast ideal. Ihr allgemeines Bildungsniveau, auch bei nicht-elitären Berufen, überragte das Niveau der Persönlichkeitsentwicklung in ihren jeweiligen Heimaten – und, was bewundernswert ist, dieser Vorsprung hielt auch noch mit der Bildungsexpansion der Moderne Schritt. Macht die jüdische Alternativkultur auch glücklicher? Ich würde mit einem vorsichtigen „Ja" antworten, jedenfalls wurden sie auch in der härtesten Verfolgung vor Massen-Depression und Implosion ihrer Kultur bewahrt – und auch die Säkularisierung und Protestantisierung hat der Wirkung des „mosaischen Glaubens" weniger geschadet, als das etwa bei Katholizismus und Kommunismus der Fall ist. Doch um einer idealen Gesellschaft ganz nahe zu kommen, ist wohl auch das Judentum noch zu eng mit der Gesellschaft verbunden, wie sie ist. Noch mehr gilt das für Minderheiten, die ähnliche bemerkenswerte Alternativkulturen bilden, aber längst nicht so alt und auf sich allein gestellt sind wie das Judentum. Dazu gehören etwa die Armenier und Iren in Amerika, die Exilungarn in der ganzen Welt, die Sikh im Westen, die Amish Society in Pennsylvania. „Nischenkulturen" wäre eine Bezeichnung, die andeutet, daß ein Winkel, der nicht sehr geschützt ist, Herausforderung und Experimentierfeld für eine Kultur ist, das Beste aus ihrer System-Klugheit herauszuholen.

Es bleiben noch die geplanten und konstruierten Gemeinschaften, die, bewußt und gewollt, außerhalb der Mainstream-Gesellschaften, ideale Kommunen zu bauen suchen. Davon gibt es viele. In die Geschichtsschreibung eingegangen sind die christlichen Orden und Klöster, die Tempelritter, die Phalansteren, die frühen sozialistischen Genossenschaften. Wenn heute nicht mehr viel von solchen radikalen Versuchen die Rede ist, die „gute Gesellschaft" bewußt aufzubauen, so sehe ich den Grund nicht darin, daß dies nicht mehr geschieht. Im Gegenteil. Die „Gesellschaftsveränderung" ist in vielen Bereichen fast Routine geworden. Die Management-Schulen lehren, Firmen wie Familien zusammenzuschweißen, mit Corporate Identity, Corporate Culture, Gewinnbeteiligung und Geburtstagsfeiern. Moderne Techniker-Teams, die in exotischen Ländern Fabriken montieren, werden für die Zusammenarbeit in der kulturellen Isolation von Psychologen trainiert, mit ähnlichen Programmen, wie sie Astronauten – noch viel intensiver – über sich ergehen lassen müssen, nur für den sozialen Frieden und die gute Stimmung in einem Weltraumschiff konditioniert zu sein.

Und die Bildung solcher sozialen „Mini-Paradiese" gelingt; in manchen Unternehmen, bei manchen Sportler-Teams und in manchen Freizeit-Klubs. Nur beanspruchen sie nicht, Vorbilder für die ideale Gesellschaft zu sein. Und mit gutem Grund: diese Methoden der Gemeinschaftskonstruktion setzen drei Dinge voraus, die eben nur für kleine Gruppen in einer großen Gesellschaft möglich sind – Auslese, Askese, Auszeichnung. Darauf läßt sich keine Gesellschaft bauen.

Eine Gesellschaft, die alle einschließt, zu Persönlichkeiten entwickelt und so glücklich macht, wie es die Natur erlaubt, muß Wissen, Ideen und Organisationen hervorbringen, die für alle taugen, die keine biologischen Opfer und psychischen Selbstbeschränkungen verlangen und die gleiche Achtung und Verwendung für alle menschlichen Kapazitäten hat – auch für solche, die heute als Schwächen und Fehler etikettiert werden. Angetroffen habe ich das schon heute, bei kleinen Gruppen, bei einzelnen neuen „Bewegungen": bei Wissenschafter-Gemeinschaften, insbesondere unter der Ägide der neuen

Selbständigkeit, bei jungen Leuten, die bäuerlich leben und gleichzeitig am Computer arbeiten wollen, bei Selbsthilfegruppen für Langzeitarbeitslose, für Menschen nach einer Krebsoperation oder einem Herzinfarkt, bei Legasthenikern und Neurotikern, die ihre quälenden Schwächen neu als „Talentsignal" verstehen gelernt haben.

Ja, ich habe dafür den Slogan geprägt „Verlierer als Persönlichkeitsgewinner". Ja, ich wollte mit großen Worten abschließen.

Genau besehen, wiederhole ich dabei nur. Mich selbst. Und was seit Jahrtausenden den Kern der ethischen Botschaften ausmacht. Von Jesus Christus bis zur Menschenrechtsdeklaration.

Also schließe ich nicht. Das Buch endet offen. Ich hoffe, Sie, werte Leser, mit einigen Gedanken infiziert zu haben. Nichts weiter. Die Geschichte ist noch nicht zu Ende.